CLEOPATRA

ALEJANDRA IZQUIERDO

CLEOPATRA

La mujer tras el mito de la última
reina de Egipto

Rocaeditorial

Primera edición: abril de 2025

© 2025, Alejandra Izquierdo Perales
© 2025, Roca Editorial de Libros, S. L. U.
Travessera de Gràcia, 47-49. 08021 Barcelona
© 1994, Ramón Irigoyen, por la traducción de «El dios abandona a Antonio»
(*Poemas*, C. P. Cavafis, DeBolsillo)
Ilustración de las portadillas: © Silja Goetz
Mapas: © Isabel Loureiro

Roca Editorial de Libros, S. L. U., es una compañía de Penguin Random House Grupo Editorial que apoya la protección de la propiedad intelectual. La propiedad intelectual estimula la creatividad, defiende la diversidad en el ámbito de las ideas y el conocimiento, promueve la libre expresión y favorece una cultura viva. Gracias por comprar una edición autorizada de este libro y por respetar las leyes de propiedad intelectual al no reproducir ni distribuir ninguna parte de esta obra por ningún medio sin permiso. Al hacerlo está respaldando a los autores y permitiendo que PRHGE continúe publicando libros para todos los lectores. De conformidad con lo dispuesto en el artículo 67.3 del Real Decreto Ley 24/2021, de 2 de noviembre, PRHGE se reserva expresamente los derechos de reproducción y de uso de esta obra y de todos sus elementos mediante medios de lectura mecánica y otros medios adecuados a tal fin. Diríjase a CEDRO (Centro Español de Derechos Reprográficos, http://www.cedro.org) si necesita reproducir algún fragmento de esta obra
En caso de necesidad, contacte con: seguridadproductos@penguinrandomhouse.com.

Printed in Spain – Impreso en España

ISBN: 978-84-10096-94-3
Depósito legal: B-2734-2025

Compuesto en Grafime, S. L.

Impreso en Liberdúplex
Sant Llorenç d'Hortons (Barcelona)

RE 96943

*A mi madre y a todas las mujeres de mi familia
que me precedieron. Ellas han hecho posible
que yo haya escrito este libro*

Índice

Introducción 11

1. Reinas de Egipto. El país del Nilo antes de la última
reina egipcia 21

2. El Egipto de Ptolomeo XII, padre de Cleopatra.
Sociedad, cultura y relaciones internacionales 59

3. Ascendencia, consanguineidad y color de piel.
La infancia de Cleopatra 89

4. Dioses, toros y reyes. La religión en el Egipto
de Cleopatra 113

5. Guerra y alianzas. El ascenso al trono
de Cleopatra 139

6. Por el interés de Roma. La relación de Cleopatra
y Julio César 155

7. Gestionar el declive. La economía durante
el reinado de Cleopatra 177

8. La leyenda de los amantes. La alianza con Marco
Antonio 189

9. La lucha contra Octaviano y la batalla de Accio.
El final de un Imperio y el inicio de otro 221

10. El suicidio de la reina. Enterramiento y ritual
funerario en el Egipto ptolemaico............................ 239

Conclusiones 259
Agradecimientos 265
Cronología 267
Genealogía 271
Mapas 275
Bibliografía 281

Introducción

¿Cuál es nuestra idea preconcebida sobre Cleopatra?

Cuando pensamos en la última reina de Egipto habitualmente se nos vienen a la mente adjetivos como inteligente, seductora, astuta, ambiciosa, manipuladora... Sin embargo, estos calificativos forman parte de una tradición que se asentó sobre una propaganda romana que tuvo como objetivo el desprestigio de Cleopatra. Incluso hoy en día su imagen se ve alimentada por mitos que van surgiendo en torno a ella y que carecen de base histórica o documentable, como veremos en algunos casos a lo largo del libro.

Debido a que ha sido un personaje criticado a lo largo de la historia, esto ha llevado a que la despojemos de su humanidad o de su contexto en muchas ocasiones. Cleopatra llegó a reinar en un momento en que la monarquía egipcia estaba muy debilitada. Al mirar más allá y observar todo su entorno podremos deconstruir la leyenda y construir una imagen basada en las fuentes que será más parecida a la realidad de su persona. Esto no quiere decir que a partir de este estudio debamos justificarla hasta el extremo o admirarla a cualquier precio, sino comprender su figura y sus acciones de una forma más humana.

¿Por qué las fuentes hablan tan mal de Cleopatra?

Cleopatra VII es uno de los personajes que más fascinación han causado a lo largo de la historia. Sobre ella se han inventado toda una serie de leyendas que poco tienen que ver con la persona que fue en la realidad. Estos mitos exacerban la imagen negativa que existe sobre la reina. La realidad es bien distinta, y no porque no quepa la posibilidad de que fuera alguna de esas cosas, sino porque debemos entenderla dentro de su contexto y como lo que fue: una reina.

A lo largo de la historia, los reyes —sobre todo cuando sus reinos están de capa caída— se han visto obligados a establecer alianzas políticas con otros Estados y han recurrido a todo tipo de estrategias para seguir gobernando. En este sentido, Cleopatra no fue diferente a otros gobernantes.

En muchas ocasiones parece que asombra el hecho de que fuese una persona inteligente e instruida, pero esto no debería sorprendernos, ya que fue educada en Alejandría, probablemente por algunos de los mejores eruditos de la época. Al igual que recibió una buena educación —la mejor del momento—, también debió aprender de su padre, Ptolomeo XII, las cualidades de un rey. Al igual que haría ella años después, su padre estableció una serie de alianzas con Roma, por lo que el desarrollo de la política internacional de Cleopatra no se puede comprender sin entender previamente la de su progenitor.

El principal problema ante el que nos encontramos al estudiar a Cleopatra radica en las fuentes antiguas que nos hablan de la reina. La mayor parte de los que escriben sobre ella son romanos, y las fuentes egipcias no nos dan detalles sobre sucesos particulares o datos de su vida privada, por lo que se hace muy difícil contrastar estas opiniones que conocemos a través de los escritores grecolatinos. Además, ninguno de ellos escribió sobre ella como tal. Para los romanos, la historia de Cleopatra no sería sino un añadido en la historia de tres hombres: Julio César, Marco Antonio y Octaviano.

Plutarco habla de la reina al escribir las *Vidas paralelas* de Julio César y de Antonio. Este autor es quizá el que nos da una visión menos sesgada de Cleopatra, pero no por ello debemos confiar en todo lo que nos cuenta, ya que no la conoció en persona y vivió algo más de cien años después de su muerte.

Suetonio nos habla de la egipcia dentro de *Vidas de los doce césares*, que es una obra biográfica donde el autor aborda la historia de Julio César y Octavio Augusto, y, por ese motivo, en ocasiones se menciona a Cleopatra. Él también vivió un siglo después de la muerte de la egipcia.

Dion Casio escribe una historia de Roma desde sus inicios, por lo que nos proporciona todo tipo de detalles desde el punto de vista de la capital imperial. Él vivió más de dos siglos después de Cleopatra. Este autor es quizá el que posee una visión más sesgada por su afán propagandístico a favor de Octaviano —futuro Augusto, primer emperador de Roma—, aunque en Suetonio también se percibe su subjetividad. Por ese motivo, aunque nos da mucha información, no podemos confiar en él plenamente.

Otros autores, como Flavio Josefo, Orosio o Plinio el Viejo, nos dan datos muy interesantes sobre ella, sin embargo, no son los que nos ofrecen una versión más completa sobre su vida. Para ello, debemos recurrir sobre todo a los ya mencionados Plutarco y Dion Casio.

El problema de todas las fuentes que conservamos es que apoyan a Octaviano frente a Cleopatra. Como apunta Patricia González Gutiérrez, sobre ella se han generado toda una serie de leyendas fruto de la propaganda de Octaviano para retratarla como una persona que había conseguido engañar a Marco Antonio. De esta forma, la propaganda de la época consiguió llevar al terreno de lo moral la lucha entre los dos triunviros, Antonio y Octaviano, y desviar el odio hacia la reina egipcia, la cual era extranjera y peligrosa.

Este tema va a ser recurrente en todos los escritos, donde se alude constantemente a que es una mujer extranjera que gracias a su inteligencia y poder de seducción sometió a dos hombres muy respetables en Roma, como fueron Julio César y Marco Antonio. En su época hubo romanos como Cicerón a los cuales no les gustaba mucho la reina. Quizá para los romanos el problema principal de Cleopatra estaba en que no era una mujer romana. Esto se observa claramente cuando hablan de Octavia, hermana de Octaviano y esposa de Marco Antonio, la cual encarna todo lo que se espera de una romana. Con esos ingredientes en la mano, los escritores tuvieron material suficiente para posicionarlas ambas como opuestas: la mala mujer, Cleopatra, frente a la buena esposa, Octavia.

Sin embargo, no debemos achacar este desprecio hacia la egipcia únicamente a la misoginia romana, sino considerarlo como una crítica hacia ella como contrincante. Los romanos, al igual que muchos vencedores que escriben la historia desde su perspectiva, van a describir a sus enemigos como temibles, débiles o de cualquier forma que les haga quedar a ellos en una buena posición. De haber sido hombre, también hubiese recibido ataques, solo que, probablemente, sin utilizar su sexualidad en su contra. Que se recurra a pensarla como una mujer seductora es un argumento más para considerarla una rival temible y difícil de someter. Octaviano, que ejemplifica todo lo que debe ser un buen romano, es el único capaz de vencerla: una lucha en la que se nos muestra cómo Roma logra su victoria definitiva.

Las mujeres egipcias contaban con una libertad que estaba fuera del alcance de las romanas. En este sentido, debemos tener en cuenta que su condición como egipcia influyó en cómo era percibida desde Roma y también en cómo debió desenvolverse ella en su entorno.

Ahora bien, cuando hablamos de cómo las egipcias, a lo largo de su historia, gozaron de una notable independencia, debemos entenderlo siempre dentro del contexto de la Antigüedad. En el mundo antiguo, la situación de la mujer no fue especialmente buena, pero en Egipto las mujeres sí que poseían ciertos derechos y, además, en su gobierno, hubo muchas mujeres que ejercieron el poder de forma directa, bien como regentes o bien en solitario. Por ello, en su contexto histórico, la mujer egipcia poseía una situación más privilegiada que sus vecinas griegas o romanas, las cuales estaban bastante limitadas.

Por otro lado, las reinas del antiguo Egipto, como podremos observar en el primer capítulo, poseyeron una gran presencia dentro del gobierno. Esta se ve acentuada sobre todo en época ptolemaica (ca. 305-30 a. C.). Nuestra Cleopatra fue la séptima con este nombre dentro de la dinastía ptolemaica, que conocemos también como dinastía XXXII o dinastía lágida. Además, fue la última en gobernar Egipto.

Los Ptolomeos se instauran en el país del Nilo con la llegada de Ptolomeo I, general de Alejandro Magno, que se queda con esta parte del mundo para gobernar. Entre los antepasados de Cleopatra VII hubo grandes mujeres que ejercieron el poder, por lo que tenemos que entender a nuestra reina como una mujer digna de su familia. Antes de ella, hubo intrigas, luchas por el poder y astutas estrategias políticas en las cuales también participaron las reinas. En esos casi trescientos años que dura su dinastía se realizaron grandes proyectos, como el de la Biblioteca de Alejandría, pero también se produjo la caída definitiva de la monarquía egipcia.

Cuando pensamos en ella, es inevitable cuestionarnos por qué motivo perdió su reino y cómo es posible que después de tres mil años de historia la monarquía egipcia sucumbiese. El motivo no debemos achacárselo a Cleopatra únicamente, aunque lógicamente ella participó en el proceso. Para los historiadores, el contexto histórico es muy importante, ya que gracias a este podemos entender mejor los sucesos concretos.

Durante el III y el II milenio a. C., los vecinos de Egipto no habían sido, por lo general, grandes adversarios para el país, aunque, sobre todo en el II milenio, hubo guerras, expansión de las fronteras y conflictos con otros Estados. Además, durante estos dos milenios, pese a los momentos de crisis que conocemos como *periodos intermedios*, la situación política interna era generalmente fuerte. Sin embargo, en el I milenio a. C. todo cambia. Es entonces cuando surgen potencias extranjeras que llegan a gobernar Egipto, como los kushitas desde Nubia, o, incluso conquistarlo como hicieron los asirios, los aqueménidas o los macedonios. Por ello, no nos debe extrañar la aceptación de los Ptolomeos dentro de Egipto, ya que antes que ellos hubo reyes extranjeros gobernando. Sin embargo, pese a que se establecen en Alejandría, esta dinastía se va a integrar en cierta medida en la sociedad egipcia, sobre todo con el clero de Ptah de Menfis. Estos monarcas de origen macedonio van a poseer una identidad doble, por un lado, van a continuar su relación con el mundo griego y se van a vincular fuertemente con Alejandro Magno, y, por otro lado, van a buscar esta integración con los egipcios para gobernar, como observamos en los templos egipcios construidos bajo su mandato o en la vinculación con los sacerdotes menfitas.

Los Ptolomeos van a tener que hacer frente a Roma. A lo largo del I milenio, sobre todo en la segunda mitad de este, la ciudad del Lacio había conseguido aumentar considerablemente sus fronteras e incluso establecer relaciones diplomáticas con otras potencias. Desde el siglo III a. C., Roma está expandiéndose y se está estableciendo poco a poco como una gran potencia dentro del Mediterráneo.

A la llegada al gobierno de Cleopatra VII, el poder de Roma es formidable: posee toda la península itálica, regiones en el norte de África, gran parte de la península ibérica, la Galia, regiones en Anatolia y Siria, Chipre, Grecia, Macedonia y provincias en el Adriático. A todo esto se le sumaban los reinos clientelares con los que Roma tenía una especial relación diplomática y política. Ptolomeo XII, el padre de Cleopatra VII, había establecido una estrecha relación con ellos y por ese motivo fue declarado amigo y aliado de Roma. Esta es también la causa de que posteriormente ella creara estas alianzas con Julio César y Marco Antonio, porque era lo que había aprendido de su padre y también la herencia que le había dejado.

No debemos achacar a Cleopatra la pérdida de la autonomía egipcia, ya que era un destino casi inevitable en aquel momento. La política egipcia no había sido precisamente ejemplar décadas antes de ella debido a los problemas internos de la dinastía. Además, su padre le dejó grandes problemas económicos a los que se sumaron malas cosechas y hambrunas bajo su mandato. Al mismo tiempo, ella, al igual que su padre, contribuyó económicamente a las campañas romanas, como por ejemplo la guerra contra los partos de Antonio.

En las siguientes páginas podremos descubrir una visión de la última reina egipcia más allá de lo que los romanos dijeron de ella para poder aproximarnos a quién fue en realidad la mujer que se esconde detrás de este mito.

1
Reinas de Egipto
El país del Nilo antes
de la última reina egipcia

¿Cómo eran las reinas del antiguo Egipto?

Para comprender la figura de Cleopatra VII en su totalidad, resulta fundamental conocer su contexto y cómo eran las reinas en el antiguo Egipto. Las mujeres egipcias poseían más derechos que las mujeres griegas o romanas, por lo que las reinas también disfrutaban de una cierta independencia y del ejercicio del poder, dependiendo del momento histórico. Por tanto, no podemos concebir a la última reina de Egipto sin analizar la evolución y protagonismo de las que la precedieron, así como la función simbólica de sus antecesoras.

Las reinas egipcias cumplieron un papel muy significativo dentro del gobierno. En la cosmovisión egipcia, el mundo era dual, con opuestos que se complementaban: el día necesitaba de la noche, el orden del caos, la luz de la oscuridad, lo masculino de lo femenino, etcétera. En este sentido, las reinas eran la contraparte femenina del rey egipcio y juntos formaban un todo.

El rey era un elemento fundamental dentro de la sociedad y de la religión egipcias, ya que poseía un carácter divino en tanto en cuanto se trataba de un intermediario entre los dioses y los humanos. Esta idea de la necesidad de lo femenino también se observa dentro de la organización religiosa, ya que las divinidades masculinas en los templos solían estar acompañadas de una divinidad femenina que hacía las funciones de pareja. En los santuarios donde una diosa era la divinidad principal, esta también estaba acompañada por un dios. En lo que se refiere a la monarquía, el rey se identificaba con el dios Horus a la hora de gobernar, y la reina lo hacía con la diosa Hathor o era vista como el Horus femenino, por lo que ambos tenían una relación especial con lo divino.

Asimismo, tal como veremos en el presente capítulo, hubo mujeres que reinaron en el antiguo Egipto, algunas compartiendo el poder y otras en solitario. Por todos estos motivos, tal como apunta Sarah Pomeroy, si observamos a Cleopatra VII no desde el punto de vista romano, sino desde el egipcio, su gobierno no fue un acontecimiento fuera de lo común. La última reina de Egipto formó parte de una larga tradición de mujeres egipcias que ejercieron el poder en el país del Nilo y, por ello, no podemos comprender su figura sin hablar de las que la precedieron.

Cuando hablamos de reyes en el antiguo Egipto habitualmente pensamos en la palabra *faraón*. Este nombre nos viene a través de la Biblia y esta a su vez lo toma del nombre que le daban los egipcios a partir del Reino Nuevo al rey egipcio (*pa per-aa*, que literalmente significa «la casa grande», por tanto, el palacio). Del hebreo pasó al griego posteriormente y a partir de ahí se expandió el término de *faraón* para hablar de reyes en el antiguo Egipto.

Aunque en las fuentes egipcias encontramos el nombre de *pa per-aa*, también se podían referir al rey con otros términos, como por ejemplo *nesu, ity, jemef...* Por ese motivo actualmente algunos egiptólogos preferimos hablar simplemente del rey y no tanto del faraón, ya que la palabra *faraón* como tal es de origen bíblico y solo hace referencia a uno de los nombres con los que llamaban al rey. El hecho de que tenga su origen en la Biblia no le resta valor ni por ello deberíamos erradicar el uso de la palabra *faraón*, simplemente algunos preferimos utilizar la palabra rey por considerarla más ajustada, ya que no en todos los textos se habla de *pa per-aa*, por lo que la palabra *rey* aúna todos estos conceptos y no solo el de faraón.

Asimismo, cuando hablemos de las mujeres que gobernaron diremos que llegaron a ser «rey de Egipto», ya que estas ostentaron el título de rey y no de reina, como sucede por ejemplo con Hatshepsut. Por este mismo motivo solemos hablar de reinas-faraón o de faraones, pero nunca de faraonas. Resulta fundamental comprender que la mujer que gobierna, sobre todo en solitario, se adapta a un título masculino, ya que las mujeres solían ocupar otro rol dentro de este concepto de dualidad masculino-femenino dentro de la monarquía.

Las reinas que llegaron al poder, como Sobekneferu o Hatshepsut, pudieron mantener su nombre propio en femenino, al mismo tiempo que se las llamaba rey, en masculino. Por ese motivo, cuando hablemos de estas mujeres que llegaron a ser rey lo haremos utilizando el masculino, porque en egipcio se las nombra como tal y no en femenino. Por otro lado, tenemos a las mujeres que gobernaron junto con hombres, bien porque eran la esposa real y tuvieron cierta influencia política, o bien porque fueron más activas como las reinas ptolemaicas. A estas mujeres que fueron consortes habitualmente nos referimos a ellas como reinas.

No obstante, sí que es cierto que a partir de Berenice II observamos que en la documentación en demótico se menciona a algunas reinas como *ta per-aat*, es decir, reina, y dado que de *per-aa* deriva la palabra para *faraón* y está escrito en femenino (*per-aat*), en este caso concreto podríamos hablar de *la faraona*, aunque no sería del todo adecuado, ya que *per-aat* significa «reina», por ello es más apropiado hablar de ellas como reinas. Otro ejemplo lo hallamos en la piedra de Rosetta, en la cual se habla de Arsínoe III como *ta per-aat*. Asimismo, en los papiros demóticos EA10561, Cairo CG 30619 y Berlín 3119 también observamos cómo se menciona de esta forma a Cleopatra II. Sin embargo, pese a que existen estos casos en la documentación en demótico en este periodo concreto, lo más habitual es que no se refiriesen a ellas de esta manera, por tanto, estos casos son excepcionales y no es justificación para llamarlas faraonas ampliamente.

Una vez aclarada esta cuestión, resulta imprescindible definir qué era una reina para los antiguos egipcios. Nosotros llamamos reina, generalmente, a los títulos de la gran esposa real, a la esposa real y a la madre del rey. En este sentido, las mujeres legitimaban el derecho del rey al trono, no tanto por la relación de parentesco con la madre, ya que el rey era el descendiente del monarca anterior, del dios Ra[1] y del dios Horus,[2] sino por su capacidad de traer a la vida al futuro rey. También poseían un papel en la corte la hija y la hermana del rey. Ellas podían ostentar otros títulos como «señora de Todas las Tierras» o «señora de las Dos Tierras». Muchas reinas fueron sacerdotisas, lo cual no nos debe extrañar, ya que en el antiguo Egipto las mujeres también ejercían cargos sacerdotales dentro de los templos y, además, el rey era el sumo sacerdote de Egipto. Ellas poseían en sí mismas una función religiosa, ya que se identificaban con la diosa Hathor,[3] por lo que garantizaban de esta forma el rejuvenecimiento del rey como Horus. En la mitología egipcia, observamos otras diosas que son pareja de divinidades masculinas, y que constitu-

---

1. Ra era el dios creador en la cosmogonía heliopolitana. Fue un dios halcón que apareció ya en los inicios de la historia egipcia. Además de ser un dios creador, era la divinidad que personificaba el concepto del sol. Como sol se podía manifestar también como Khepri, Ra-Horakhty...
2. Dios halcón hijo de Isis y Osiris, último dios de la Enéada heliopolitana y descendiente de Ra. Al ser el último dios en gobernar Egipto, todos los reyes se identificaban con él a la hora de gobernar. El templo de Edfu fue el centro de culto a este dios más importante en época ptolemaica. En él su pareja divina era la diosa Hathor de Dendera.
3. Su nombre en egipcio significaba «la casa de Horus». Era diosa de la música, la danza, la sensualidad, la embriaguez y la alegría. En el *Mito de la destrucción de la humanidad* es apaciguada por la borrachera. Esta diosa solía ser representada como diosa vaca, por lo que poseía en este sentido un rol maternal y celeste. Su centro de culto más importante en época ptolemaica fue el templo de Dendera.

CLEOPATRA

yen un importante rol como Tefnut,[4] Nut[5], Neith,[6] Isis,[7] o la ya mencionada Hathor. De hecho, las triadas, que es una forma de organización divina dentro de los templos egipcios, estaban constituidas por un dios, una diosa y una divinidad que hacía las funciones de hijo de la pareja divina. Un ejemplo de ello es la triada compuesta por Osiris,[8] Isis y Horus, o Amón,[9] Mut[10] y Khonsu.[11]

4. Hija de Ra y hermana de Shu en el mito de creación heliopolitano. Tefnut era lo seco y Shu lo húmedo. En algunas versiones, a partir del Reino Medio Shu y Tefnut abandonan a su padre sin querer o para explorar el mundo. En ocasiones se la identificaba con el Ojo de Ra. Tefnut era la madre de Nut y Geb.
5. Nut era hija de Shu y Tefnut, además de hermana y esposa del dios Geb. Nut era la encarnación de la bóveda celeste y Geb de la tierra. Sobre ella llevaba la barca del dios Ra, y, por la noche, el dios cambiaba de barca y era ingerida por la diosa, de tal manera que en el amanecer daba a luz al sol. Nut era una diosa que podía ser nutricia como diosa del sicomoro. También ayudaba al difunto a renacer en el más allá.
6. Neith fue una de las diosas más antiguas de la religión egipcia. Diosa guerrera vinculada con las armas de guerra y señora del arco.
7. La diosa Isis era la esposa y hermana de Osiris en la mitología egipcia y la madre de Horus. Era una diosa maga muy poderosa y era la única que conocía el nombre secreto de Ra. A finales del I milenio a. C. su culto se expande por el Mediterráneo.
8. Marido de Isis y padre de Horus. En la mitología era un dios que moría y era revivificado por medio de la momificación que realizaron para él Isis, Neftis y Anubis. Era un dios de la fertilidad y también estaba asociado a diferentes eventos astronómicos. Al morir los egipcios debían enfrentarse al juicio de Osiris, que era presidido por este mismo dios.
9. Amón fue el dios principal de Tebas (actual Luxor) y se le consideraba un dios gobernante, primigenio, creador y también dios solar. Su nombre significa «el oculto». A partir del Reino Medio se hibrida con Ra bajo la forma de Amón-Ra. En el Reino Nuevo va a ser muy relevante al ser el dios de la capital de Egipto.
10. Mut era la consorte de Amón y madre de Khonsu en Tebas (actual Luxor). En el Reino Nuevo se la consideró una diosa madre y, en dicha época, la reina egipcia se identificaba con ella.
11. Khonsu era el hijo de Amón y Mut en la mitología tebana, por eso po-

Por tanto, en Egipto lo femenino es una parte esencial de la monarquía, tanto política como religiosamente. Prueba de ello es que las coronas que porta el rey son identificadas como femeninas: las «Dos Señoras», que es uno de los títulos del rey, representan a dos diosas, Nejbet[12] y Uadjet.[13] De hecho, Egipto (*Kemet*) para los egipcios era una palabra femenina, aunque también se podían referir a Egipto en masculino como *Taui*. Por tanto, dentro de su cosmovisión, lo femenino, en este caso a través de las reinas, era una parte esencial de su universo.

Dentro de la corte egipcia era habitual que el rey tuviese más de una esposa real en ciertos periodos históricos, no en todos. Cuando el rey poseía más de una esposa, la más importante era la *gran esposa real*, que era la que aparecía representada con el monarca en las escenas de los templos. No obstante, aunque el rey pudiese practicar la poliginia, lo cierto es que la mayor parte de la población egipcia era monógama y los matrimonios eran de un hombre con una mujer. Estas esposas reales y sus hijos vivían en una dependencia palaciega que se ha conocido tradicionalmente como harén, pero que actualmente

---

día representarse como un niño. Su nombre significaba «el viajero». Era un dios lunar, por lo que solía portar sobre la cabeza una luna llena o creciente.

12. Diosa buitre vinculada a la corona blanca que vestía el faraón egipcio. Además, era la diosa protectora del Alto Egipto.

13. Diosa cobra vinculada con la corona roja. Era la divinidad protectora del Bajo Egipto. Junto con la diosa Nejbet eran las Dos Señoras que encarnaban la dualidad del antiguo Egipto y también eran protectoras de la monarquía egipcia.

no se considera como tal, sino que se traduce como «habitaciones de las mujeres asociadas al rey» (*ipet nesut*). Por este motivo, cuando hablamos de estas dependencias no podemos pensar en un harén al estilo árabe.

Sin embargo, algunas reinas también gobernaron en solitario, aunque la mayoría lo hicieron como regentes. Sabemos que ellas también ocuparon el trono porque en sus denominaciones encontramos los cinco nombres sagrados que adquirían los reyes en el momento de la coronación.

Los reyes tenían cinco nombres sagrados que eran una emanación de su esencia divina, los cuales mostraban su relación con los dioses. Estos no eran simplemente nombres o epítetos, sino que eran una muestra de su poder como reyes y de su carácter divino. En primer lugar, tenían lo que conocemos como el nombre de Horus, que ponía de manifiesto que el rey era este dios en la tierra. En segundo lugar, tenían el nombre de las Dos Señoras, que muestra a los reyes como gobernantes del Alto y del Bajo Egipto. En tercer lugar, el nombre de Horus de Oro, el cual muestra la vinculación del rey con lo solar y, probablemente, pone de manifiesto su inmortalidad. En penúltimo lugar, tenían el nombre del trono, también conocido como nombre del señor de las Dos Tierras, que era una extensión del segundo nombre y que representaba la capacidad de generar vida, en concreto, la fertilidad de la tierra. Por último, el nombre de nacimiento, que se escribía dentro de un cartucho; este nombre también era conocido como el nombre de hijo de Ra, por lo que a través del cual se establece que el rey es hijo del dios.

Estos nombres podían ir acompañados de epítetos, que iban ligados a los nombres y que definían todas las características del rey. Estos epítetos no aparecen vinculados únicamente a los nombres de los reyes, también las divinidades tenían estos epítetos, que nos dan mucha información sobre las características que se les atribuían.

De hecho, estos nombres nos dan mucha información, ya que una de las pruebas que tenemos para saber que una mujer fue rey de Egipto por derecho propio es el hallazgo de sus nombres de reinado. No obstante, sí que es cierto que en el caso de las reinas ptolemaicas vamos a encontrar que muchas de ellas lo van a ostentar dado que fueron mujeres con mucha influencia política y cumplieron un papel religioso muy relevante en su época. Estos nombres son los siguientes: el nombre de Horus, el de las Dos Señoras, el del Horus de Oro, el de señor de las Dos Tierras y el de hijo de Ra. Cada nombre poseía su propia fórmula, aunque muchos nombres de nacimiento se repiten, por ese motivo tenemos varios nombres de hijo de Ra, que son Amenemhat, Tutmosis o Ramsés.

En el caso de algunos monarcas no nos han llegado sus cinco nombres, sino solo algunos de ellos, lo cual no quiere decir que en la práctica no tuviesen los cinco, simplemente que nos faltan los textos en que se mencionan.

Sobre estas reinas que ejercieron el poder, tanto en solitario como en conjunto, hablaremos a continuación.

Las reinas del Reino Antiguo

Consideramos que la historia egipcia como tal se inicia en lo que conocemos como el periodo dinástico temprano (ca. 3000-2686 a. C.). En este momento, se produce la unificación de Egipto: a partir de este momento todas las provincias del país deben rendir cuentas a un único rey, por lo que se produce la centralización del Estado. Esta centralización posee otros síntomas, más allá de la unificación política: un sistema de organización social complejo, una administración desarrollada y la aparición de la escritura jeroglífica. La cultura de Nagada tiene un gran protagonismo en este momento de transición entre el Neolítico y el periodo histórico. A partir de la dinastía I, la ciudad de Abidos va a tomar el relevo y esta se va a convertir en un centro político y religioso. Y es en este contexto histórico cuando aparecen las primeras reinas.

La primera reina de la que tenemos constancia en la historia egipcia es Neithotep, posiblemente esposa del rey Narmer de la dinastía I (ca. 3000-2890 a. C.). Se ha hipotetizado que Neithotep fue hija de un jefe o rey de Nagada, y que Narmer, al conquistar el norte desde el sur, la obligó a casarse con él, como una forma de mostrar la victoria sobre su enemigo. En cualquier caso, Neithotep no recibió el título de esposa real o madre del rey, ya que estos dos títulos aparecen por primera vez durante la dinastía II, aunque sí se la llama «consorte de las Dos Señoras». Además, el nombre de Neithotep (que significa «Neith está satisfecha») es un nombre teofórico que asocia a la reina con la diosa Neith, que era una divinidad guerrera y cazadora originaria de la zona del delta. La tumba de esta reina se encontró a tres kilómetros de Nagada a finales del siglo xix, y posee unas grandes dimensiones. En ella se encontró un ajuar funerario que incluía vasos de piedra, objetos cosméticos, etiquetas de hueso y sellos de cerámica con el nombre de Narmer, su hijo Aha y el de la propia Neithotep. Se ha planteado que su hijo Aha proporcionó este enterramiento a su madre, y también se ha teorizado que, probablemente, esta reina actuó como regente hasta que Aha llegó a ser rey.

Después de Neithotep hubo otras reinas que tuvieron un papel destacado dentro de la corte; ejemplo de ello es Merytneith (ca. 2930 a. C.), que posiblemente era hija del rey Djer, esposa del rey Djet y madre del rey Den. Seguramente gobernó en Egipto en nombre de su hijo Den, aunque en las listas reales no aparece como rey y en la piedra de Palermo se la menciona como madre del rey. La tumba de esta reina, que es una de las más complejas que se pueden visitar en Abidos, posee cuarenta tumbas subsidiarias, y, por tanto, su tamaño es similar al de las tumbas de otros reyes del periodo. Además, su nombre se inscribió dentro de un serej, algo reservado para los reyes de este momento histórico.

Posteriormente, durante el inicio de la dinastía III, consideramos que se inicia el llamado Reino Antiguo (ca. 2686-2125 a. C.). Este periodo es ampliamente conocido por ser en el que se construyen las grandes pirámides de Guiza, además de otras como son, por ejemplo, la de Zoser, las de Snefru, la de Unas o la de Teti. En este momento, se afianza el poder de la monarquía, se hace extensivo el culto real y el culto solar. Al mismo tiempo Egipto va a afianzar sus relaciones comerciales con el Líbano, Siria, el Sinaí y Nubia, que le abastecen de madera, minerales y otros materiales. Por tanto, en este periodo histórico se va a producir un aumento del poder de la realeza, tanto económico como político y organizativo. Los monarcas del Reino Antiguo van a afianzar las bases de lo que vamos a observar posteriormente en la historia egipcia, aunque bien es cierto que cada periodo tiene sus particularidades y son más de tres mil años de historia.

Durante el Reino Antiguo, la mayor parte de las reinas ejercieron su poder gracias a su relación con el rey y a considerarse la contraparte femenina de este. Al mismo tiempo, muchas de estas reinas eran las madres de los futuros monarcas de Egipto, un título muy relevante dentro del gobierno, ya que eran las que daban a luz al futuro rey y legítimo sucesor. De hecho, en la dinastía IV aparece el título de «hija del dios» para las madres del rey. Pese a que parece que estas mujeres no desarrollaron un poder efectivo directo en el gobierno, sí que es cierto que a través de los monumentos se puede apreciar un cierto grado de participación en ciertas decisiones y en algunos sucesos históricos.

Una de las reinas más relevantes del Reino Antiguo es Hetepheres I, esposa de Snefru (ca. 2613-2589 a. C.) y madre de Jufu (también conocido como Keops). A los pies de las grandes pirámides, hallamos otras de menor tamaño; tal es el caso de la de Jufu, donde hay tres pirámides dedicadas al enterramiento de tres mujeres reales, una de ellas destinada a la madre del rey. En su pirámide se encontró un gran ajuar funerario que incluía muebles y joyería.

Al final del Reino Antiguo, durante la dinastía VI, crece el poder político y económico de los nomarcas, que eran los gobernadores provinciales. En este momento se genera un aumento del poder adquisitivo de personas que no forman parte de la realeza ni están en la órbita de esta. Esto supuso un problema para el Estado egipcio, ya que hasta ese momento era el faraón el que había poseído todo el poder, por lo que se ve debilitado por el crecimiento de las provincias.

En este contexto tenemos algunos casos de conjuras en contra del rey por parte de las reinas, lo cual también es una muestra del debilitamiento del poder del rey. Además, en este momento sucede el largo reinado de Pepi II, un monarca que gobernó durante aproximadamente noventa años y que tuvo que experimentar cómo morían antes que él muchos de sus familiares y descendientes. Al morir, le sucede Merenra II, y, después de él, tenemos a la reina Nitocris, que gobernó en solitario posiblemente durante dos años como monarca del Alto y del Bajo Egipto, seguramente por la falta de heredero. Nitocris (ca. 2183-2181 a. C.) fue la última reina de la dinastía VI, y con ella terminó lo que conocemos como el Reino Antiguo y se inició el Primer Periodo Intermedio.

Las reinas del Reino Medio

El Reino Antiguo finaliza y se inicia lo que conocemos como el Primer Periodo Intermedio (ca. 2160-2055 a. C.): se trata de una etapa de descentralización del Estado y aumento del poder de los nomarcas, y, por tanto, se considera el primer periodo de crisis de la historia egipcia. Pese a que se suele señalar el debilitamiento del poder político como la causa del Primer Periodo Intermedio, lo cierto es que hay otros factores que se deben tener en cuenta. Uno de ellos es la desestabilización climática, que posiblemente afectó a las cosechas por generar una menor crecida del Nilo, lo cual derivó en una pérdida económica para el Estado. Al mismo tiempo, aumentaron las incursiones libias en Egipto. La escasez financiera y la falta de seguridad seguramente desembocaron en el descontento social y en la pérdida de la confianza en el poder del rey.

No obstante, durante este periodo intermedio se produce una mejora económica de las provincias que se traduce en un mayor acceso a los recursos, también religiosos y funerarios. Prueba de ello es la aparición, a finales de este periodo, de los *Textos de los ataúdes*, unos textos funerarios que ayudaban al paso al más allá de la persona difunta, que son una evolución de los *Textos de las pirámides*.

El Primer Periodo Intermedio concluye cuando Mentuhotep II, rey de la dinastía XI, reunifica Egipto y se inicia lo que conocemos como Reino Medio (ca. 2055-

1650 a. C.). Este periodo se va a caracterizar por una nueva centralización del poder en torno al monarca, las expediciones comerciales y mineras, y el surgimiento de la literatura egipcia. En este momento hay cierta estabilidad política hasta finales de la dinastía XII, que es cuando se producen algunos problemas de sucesión al trono que desembocan en el establecimiento de la dinastía XIII en el poder. A finales del Reino Medio hay inestabilidad en el gobierno, lo cual llevará al Segundo Periodo Intermedio.

En el Reino Medio aparece por primera vez el cargo sacerdotal de esposa del dios, un título que van a poseer las reinas a partir de entonces. En concreto, la primera en ostentarlo será la reina Neferu, de la dinastía XI. El título de esposa del dios identifica a la reina como la diosa Tefnut, la primera engendrada por el dios creador según el mito de creación de Heliópolis. En el mito de creación heliopolitano, que es la cosmogonía más importante de la historia egipcia, el dios Ra inicia la creación del mundo en la colina primordial y los primeros dioses a los que crea son Shu y Tefnut, un dios masculino y otro femenino, que ejemplifican lo seco y lo húmedo, respectivamente, por lo que son complementarios. Shu y Tefnut a su vez crean a Geb, dios de la tierra, y a Nut, diosa del cielo. Estos dos, aunque debían estar separados, engendran a Osiris, Isis, Neftis y Seth. Osiris e Isis van a tener al dios Horus.

Posteriormente, del Reino Nuevo en adelante, las reinas también llevarán el título y cargo sacerdotal de divina adoratriz.

La última persona en gobernar Egipto en la dinastía XII fue una mujer, Sobekneferu (ca. 1777-1773 a. C.). Ella era hija de Amenemhat III, fue la primera mujer-faraón y reinó durante casi cuatro años. Sabemos que esto es así porque su cartucho aparece precedido por el título de «hijo de Ra», que hasta entonces estaba asociado al nombre de los reyes y no de las reinas. Además, están atestiguados sus cinco nombres sagrados, adquiridos después de la coronación. No parece que estuviese ocupando la regencia a favor de un futuro rey, sino que gobernó en solitario. Durante su gobierno, se va a relacionar con los dioses Ra, Horus y Sobek, y va a hacer énfasis en la asociación con su padre como una forma de legitimar su poder. Uno de los aspectos más relevantes de su reinado es que esta mujer se mostró como un hombre en el arte; posteriormente, Hatshepsut va a repetir esta estrategia.

Pese a que Sobekneferu se muestra como hombre, en la nomenclatura se expresa su feminidad porque se mantiene el nombre de Sobekneferu, aunque se manifieste el título de «hijo de Ra» y su iconografía sea masculina. Tal como hemos explicado previamente, las mujeres se adaptaron en este sentido a un nombre masculino como es el de hijo de Ra o Señor de las Dos Tierras. Al mostrarse como un hombre, Sobekneferu integra lo masculino y lo femenino a través de sí misma como un ser híbrido, que hasta ahora había aparecido mediante la conjunción del rey y la reina como proyecciones de esta dualidad masculino-femenino.

Esto no quiere decir que debamos considerar a estas reinas como intersexuales o personas con género fluido; simplemente pudieron mostrarse tanto masculinas como femeninas dentro de un contexto propagandístico y religioso. Esta idea de que una reina se podía manifestar tanto con una imagen masculina como femenina no debió de ser algo extraño en el antiguo Egipto, ya que observamos, por ejemplo, en las divinidades creadoras cómo aúnan estos dos aspectos para iniciar la creación del cosmos.

Además, en la actualidad atribuimos ciertos rasgos a lo masculino y a lo femenino que en Egipto no eran así. Un ejemplo de ello lo podemos apreciar en el rol activo sexual de muchas divinidades femeninas, como son, por ejemplo, Nut, Isis o Hathor.

Por esta relación con lo masculino de Sobekneferu, se ha planteado que pudo servir de modelo posteriormente a Hatshepsut (que reinó ca. 1513-1490 a. C.). Actualmente, desconocemos el paradero de la tumba de esta reina. Después de ella gobierna la dinastía XIII, que es la última del Reino Medio.

Las reinas del Reino Nuevo

Durante el Segundo Periodo Intermedio (ca. 1650-1550 a. C.), el poder en Egipto se dividió entre el norte y el sur: en el norte, gobernaban los hicsos, un pueblo de origen semita, y en el sur, reyes tebanos. No está claro cómo llegan estos hicsos, si bien hay dos teorías, principalmente: la primera, que fue una invasión violenta, y la segunda, que ocuparon pacíficamente el delta, y, debido a la inestabilidad política, consiguieron poco a poco establecerse como una fuerza política en esta zona. En cualquier caso, los hicsos gobernaron desde Avaris y la zona del delta hasta Menfis, y, de esta forma, pusieron fin al Reino Medio. A finales del Segundo Periodo Intermedio, los reyes tebanos de la dinastía XVII van a luchar contra los hicsos con el objetivo de reunificar Egipto y gobernar todo el país desde Tebas.

En este momento, a finales del Segundo Periodo Intermedio e inicios del Reino Nuevo, tenemos el caso de la reina Ahhotep. Ahhotep fue la esposa de Seqenenra Taa II (ca. 1560 a. C.), con el que tuvo cuatro hijos, entre ellos el heredero al trono, Ahmose. Seqenenra Taa II muere en batalla contra los hicsos, por lo que en este momento el poder pasa a Kamose (ca. 1555-1550 a. C.); pero este, tras tres años, muere también en combate. Finalmente, el poder llega a Ahmose (ca. 1550-1525 a. C.), hijo de Seqenenra Taa II y Ahhotep. El rey Ahmose será el que complete la misión de su padre, es decir, es el responsable de la reunificación de Egipto y de la expulsión de los hicsos. En aquel momento, Ahhotep actúa como regente para su hijo. Ahmose, posteriormente, va a mostrar un profundo agradecimiento hacia su madre por su buen hacer gobernando Egipto, lo cual incluía también gestionar la defensa del país del Nilo. En la tumba de Ahhotep, en Dra Abu el-Naga, se encontró un ajuar funerario digno de un soldado de alto rango egipcio: entre otras cosas, hachas y un collar de oro con tres moscas del valor, una condecoración típica del ejército egipcio. Por este motivo se ha llegado a pensar que Ahhotep lideró el ejército tras la muerte de su marido y que por esa razón se le ofreció dicho galardón.

Una vez expulsados los hicsos, y habiéndose producido la reunificación del territorio egipcio, se inicia lo que conocemos como el Reino Nuevo (ca. 1550-1069 a. C.). Este periodo es uno de los mejor conocidos y más estudiados de la historia egipcia, por tratarse de un momento de gran expansión y aumento del poder político y económico del rey egipcio.

Tras la derrota y expulsión de los hicsos, Ahmose se casa con sus dos hermanas, Ahmose-Nefertari y Ahmose-Nebta. Ahmose y Ahmose-Nefertari van a tener cuatro hijos, uno de ellos el futuro rey Amenhotep I. Ahmose-Nefertari fue muy influyente en su tiempo y, de hecho, también actuó como regente de su hijo a la muerte de Ahmose. Madre e hijo, tras fallecer, fueron deificados y se les rindió culto en el poblado de Deir el-Medina, donde Ahmose-Nefertari fue una diosa ligada a la revivificación, considerada señora del cielo y señora del oeste.

Durante la dinastía XVIII aumenta el alcance político y ritual de las reinas, se asimila con el rey, pero después del periodo de Amarna, poco a poco va decayendo. El periodo de Amarna (ca. 1352-1336 a. C.) fue un momento de cambio político y religioso del antiguo Egipto: la capital se cambia de Tebas a Amarna, una ciudad de nueva creación fundada por el rey Akenatón y en ella el culto religioso se centró en el dios Atón. Además, a partir del Reino Nuevo podemos observar a las reinas sometiendo a sus enemigos, una escena que tradicionalmente protagonizaba el rey como garante del orden dentro de Egipto; ejemplo de ello son Tiy y Nefertiti, que se manifiestan sometiendo a las sus enemigas.

En este periodo histórico sucede uno de los reinados femeninos más importantes de la historia del antiguo Egipto, el gobierno en solitario de Hatshepsut (ca. 1479-1458 a. C.). Hatshepsut era hija de Tutmosis I y Ahmose, su gran esposa real. Hatshepsut se casa con su hermano Tutmosis II, hijo de Tutmosis I y una esposa secundaria. Durante el reinado de Tutmosis II, ella aparece como esposa principal y esposa del dios Amón. Hatshepsut y Tutmosis solo tuvieron una hija, Neferura. Lo único que conocemos de Hatshepsut como princesa es a través de las inscripciones que datan de su reinado en el templo de Deir el-Bahari y en Karnak.

El heredero al trono, Tutmosis III (ca. 1458-1425 a. C.), era hijo de Tutmosis II e Isis, una esposa secundaria, por lo que al morir Tutmosis II, Hatshepsut pasa a ocupar el trono supuestamente como regente de Tutmosis III durante seis o siete años aproximadamente (ca. 1479-1473 a. C.). En estos inicios ella se muestra como reina regente, con el título de esposa del dios Amón. Además, es la primera reina con el título de mano del dios, que hace referencia a la mano del dios creador que se masturba para fundar el cosmos. También porta por primera vez el de divina adoratriz de Amón, que posteriormente será llevado por la hija del rey.

A partir de este séptimo año Hatshepsut abandona completamente sus representaciones como reina y pasa a mostrarse como rey de Egipto. Esta transformación es gradual a lo largo de los años, aunque a partir del séptimo año ya encontramos que asume la representación masculina de forma definitiva; además, sabemos que gobernará desde entonces en solitario hasta el 1458 a. C. aproximadamente. A partir de este momento se observa un cambio total en su titulatura: al producirse este cambio, el cargo de esposa del dios pasa a su hija Neferura, que desde entonces se mostrará como esposa del dios y nunca como esposa del rey. No se conocen hijos de Neferura, aunque es posible que el príncipe Amenemhat fuese su hijo.

Como ya hemos visto, Hatshepsut no fue la única mujer que gobernó Egipto en solitario hasta la fecha. Nitocris, Sobekneferu y Hatshepsut gobernaron como hombres, al igual que Tausret posteriormente, aunque la diferencia entre ellas es que Nitocris, Sobekneferu y Tausret lo hicieron al final de sus dinastías, y Hatshepsut, por el contrario, no forma parte del final de una línea sucesoria. Por otro lado, como hemos señalado previamente en este capítulo, sí que era habitual que mujeres gobernasen en periodos de corregencia, pero no en solitario, y menos con un papel tan destacado cuando hay un heredero legítimo al trono como era Tutmosis III. Sin embargo, en el templo de Deir el-Bahari se presenta como heredera de

Tutmosis I. Su padre la habría nombrado heredera, y, además, el dios Amón habría elegido a Ahmose, su madre, como la elegida para gestar al próximo monarca.

En el arte egipcio hay numerosas representaciones de Hatshepsut como faraón, que forman parte de su programa de legitimación política y religiosa. Sin embargo, resulta intrigante por qué opta por exponerse artísticamente como hombre, pero en sus nombres reales la reina se muestra con nombres femeninos o con terminaciones femeninas. Este carácter andrógino, que integra lo femenino y lo masculino, no es extraño dentro del pensamiento egipcio, ya que los dioses creadores aúnan en su figura ambos aspectos. Por tanto, Hatshepsut se muestra como un hombre al mismo tiempo que mantiene su identidad femenina.

Durante el reinado de Hatshepsut hubo expediciones militares, pero también comerciales. Hubo otras expediciones durante su reinado, como por ejemplo para obtener materiales de las minas del Sinaí, o para conseguir madera de cedro de Biblos. Sin embargo, la expedición más importante fue a Punt, la cual encontramos representada en su templo funerario de Deir el-Bahari. Dicho viaje formó parte de una estrategia de legitimación en el trono de la reina. Al principio de la dinastía XVIII llegan objetos de lujo a Egipto para el culto al dios Amón, pero no es hasta Hatshepsut cuando en esta dinastía se organiza una gran expedición a Punt. La duración del viaje fue de casi un año, y se realizó durante el octavo y el noveno año de reinado, por lo que parece que esta misión se inicia poco tiempo después de declararse, en el séptimo año, rey de Egipto. Esta expedición tuvo como objetivo traer objetos de lujo que se utilizarían después en el culto al dios Amón, como por ejemplo resinas aromáticas, mirra e incienso, que eran utilizados durante los rituales del templo. Debido a la importancia del dios Amón y al uso dado a estos materiales, es posible que fuese orquestada en cierta medida por los sacerdotes de este dios.

Durante su mandato destaca la figura de Senenmut. No sabemos mucho sobre su origen y ascenso al poder, pero sí tenemos pruebas de su importancia en la corte. Senenmut llega a ser tutor de la princesa Neferura. Aunque tradicionalmente se le ha tratado como el arquitecto del templo de Deir el-Bahari, ya que posee el título de «supervisor de los trabajos de Amón en Djeser-djeseru», no está claro que fuese así.

El final de Hatshepsut y de su hija Neferura es incierto. Lo único que nos muestran las fuentes es que en el vigésimo segundo año del reinado de Tutmosis III, el monarca gobierna ya en solitario, sin la presencia de Hatshepsut. Parece ser que Hatshepsut ocupó el trono entre veintiuno y veintidós años. Durante su gobierno hace de corregente de Tutmosis III, posteriormente gobierna en solitario y una vez muere pasa el trono a Tutmosis III.

En cuanto al cuerpo de la reina, se ha identificado con una momia que yacía en la tumba KV60[14] del Valle de los

---

14. KV es la abreviatura para Kings Valley y el número que aparece a continuación es el de la tumba.

Reyes, la cual pasó en un primer momento desapercibida por estar en mal estado. Sus restos indican que habría tenido mala salud; parece que murió de cáncer, por lo que no tuvo una muerte violenta.

Tutmosis III empieza a ocupar el poder con casi treinta años, si bien su padre Tutmosis II debió de morir cuando él tenía ocho o nueve años. Los daños a la figura de Hatshepsut parece que no sucedieron en el momento en que ocupó el trono en solitario, sino en años posteriores, hacia el final de su gobierno. Además, estos son esporádicos, y no afectan a todas sus representaciones; prueba de ello es la cantidad de imágenes de Hatshepsut que han llegado hasta nuestros días, como bien apunta Joyce Tyldesley. De hecho, esta reina gobernó durante muchos años, incluso cuando Tutmosis III era adulto y no parece que hubiese una enemistad entre ellos. Por tanto, no conocemos los motivos exactos que le llevaron a realizar este ataque a la figura de la reina durante la fase final de su gobierno.

Otra reina muy relevante de la dinastía XVIII fue Tiy, la esposa principal de Amenhotep III (ca. 1390-1352 a. C.) y madre de Amenhotep IV. Los padres de Tiy no eran de la realeza, pero sí personas de clase alta. En las representaciones artísticas de este reinado, Tiy va a poseer un gran protagonismo que va ligado a su situación destacada dentro del gobierno. La reina va a realizar una gran labor diplomática, que queda patente en las cartas a diferentes gobiernos asiáticos. Al mismo tiempo, se la identifica con diferentes diosas, como por ejemplo Hathor-Tefnut o Taweret.

Poco tiempo después aparece la reina Nefertiti, que tuvo un gran poder dentro de la corte de Akenatón. Amenhotep IV (ca. 1352-1336 a. C.), que posteriormente se cambia el nombre al de Akenatón, realizó lo que conocemos como la revolución de Amarna: unificó el culto a todos los dioses en torno a la figura del dios Atón, cambió la capital de Tebas a Amarna, y transformó completamente las representaciones del rey, lo cual da lugar a un arte más intimista. La elevación del culto a Atón se ha malinterpretado en numerosas ocasiones como monoteísmo, pero actualmente la revolución de Amarna se considera un fenómeno henoteísta. En el henoteísmo se centraliza la figura de un dios por encima de los demás y, al mismo tiempo, el resto de los dioses son considerados emanaciones de dicha divinidad.

Nefertiti se convirtió en la gran esposa real de Akenatón; fue la consorte más relevante dentro de su reinado y tuvo seis hijas con él. Muy posiblemente esta pareja no tuvo hijos varones, ya que no hay hijos atestiguados. Al igual que Tiy, no era miembro de la familia real. Durante su reinado, Nefertiti asume principalmente un rol religioso, y no tanto político. Esta reina se muestra con el título de «hija del dios Geb» y con el de «señora de las Dos Tierras», es decir, como la contraparte femenina del rey. En el arte observamos a Akenatón acompañado de Nefertiti y de sus hijas, además de regalarnos escenas donde la familia se encuentra unida bajo los rayos del dios Atón o incluso escenas de besos entre la familia real. El arte cambia radicalmente al mostrarnos escenas íntimas e incluso un mayor realismo. Se ha especulado que Nefertiti, a la muerte de Akenatón, cambió su nombre a Smenkara Neferneferuatón (ca. 1338-1336 a. C.) y actuó como regente antes de gobernar Tutankamón. Esta hipótesis se basa en que desconocemos el final de la reina, debido a que desaparece después de la muerte de una de sus hijas. No obstante, en la tumba KV55 apareció el cuerpo de Smenkara, y era un hombre, por lo que se ha rebatido esta hipótesis. Según Sally-Ann Ashton, las mujeres de la realeza en la época de Amarna, principalmente Nefertiti y Tiy, tuvieron un rol muy parecido al de las reinas de época ptolemaica.

Posteriormente, en la dinastía XIX, tenemos dos reinas importantes: Nefertari, la gran esposa real de Ramsés II (ca. 1279-1213 a. C.), y Tausret, la gran esposa real de Seti II (ca. 1200-1194 a. C.).

Nefertari ostentó el título de señora de las Dos Tierras y esposa real durante el gobierno de Ramsés II. De hecho, fue su primera esposa al llegar al poder y fue la madre de Seti I. Este monarca vivió durante noventa y dos años y gobernó sesenta y seis, por lo que es uno de los mandatos más largos de la historia egipcia. No obstante, el motivo por el que esta reina ha pasado a la historia es por la gran calidad de su tumba, la QV66, y su templo en Abu Simbel.

Posteriormente, encontramos a Tausret, esposa del rey Seti II. Tras la muerte de Seti II le sucede en el trono su hijo Siptah, y durante su gobierno ella actúa como regente. Sin embargo, Siptah muere joven y no deja un heredero. Por este motivo, ella hereda el trono y se muestra como rey de Egipto. Entre sus nombres, encontramos el de hija de Ra, el epíteto de señora de Ta-meryt (Egipto), y el de Tausret, elegida de Mut. Desconocemos muchos detalles sobre el origen de Tausret y se ha planteado que fuese nieta de Ramsés II. Parece que su reinado duró dos años —ocho, si contamos la regencia de Siptah—, aunque puede ser que gobernase algunos años más. La información que nos ha llegado de ella es a través de las tumbas KV14, KV15, y su sarcófago. La KV14 es su tumba en el Valle de los Reyes, la cual fue posteriormente ocupada por Setnajt; es decir: ella eligió el Valle de los Reyes para enterrarse y no el Valle de las Reinas.

Las reinas de la dinastía ptolemaica

Tras la caída de la dinastía XX, se inicia lo que conocemos como el Tercer Periodo Intermedio (ca. 1069-664 a. C.). En el Tercer Periodo Intermedio el poder se divide de nuevo entre el sur y el norte. En este periodo se van a suceder diferentes dinastías, pero quizá la más importante sea la dinastía XXV, también conocida como kushita por su origen nubio. Este periodo concluye tras la conquista de Egipto por los asirios entre el 671 y el 663 a. C., momento en que da comienzo la Baja Época (ca. 664-332 a. C.). El motivo por el cual los asirios vencen a los kushitas se debe a las alianzas entre los reyes asirios y los reyes egipcios, como por ejemplo Nekau I y su hijo Psamético

I. Sin embargo, pese a que Psamético I se aprovecha del poder de Asiria, finalmente se independiza de esta, iniciando así la dinastía saíta. Posteriormente, durante este periodo, los persas invaden Egipto en el 525 a. C. y van a gobernar por medio de un sátrapa. El control de Egipto por parte de los persas va a ser ciertamente inestable hasta la conquista de Egipto por parte de Alejandro Magno.

Durante esta primera parte del I milenio a. C. hubo algunas mujeres que fueron importantes dentro de la corte, bien porque eran hijas o esposas del rey. Además, durante la dinastía kushita fue muy importante el papel de la divina esposa de Amón, un cargo sacerdotal ocupado por mujeres de la realeza que realizaban ofrendas, libaciones y ceremonias de fundación para los dioses, por lo que eran sacerdotisas con un gran protagonismo dentro del templo.

La Baja Época concluye con la llegada de Alejandro Magno a Egipto (332 a. C.). Alejandro se corona rey en Menfis y establece una buena relación con el clero menfita, una política que van a mantener los Ptolomeos. Sin embargo, Alejandro muere en Babilonia en el 323 a. C. y el general Ptolomeo se queda con Egipto. Finalmente, Ptolomeo se hace con el control total de Egipto en el 305 a. C. Así se inicia la dinastía ptolemaica, que gobernará hasta la muerte de Cleopatra VII (30 a. C.).

Las reinas ptolemaicas mantuvieron la tradición egipcia asociada a la mujer dentro del gobierno, si bien con esta dinastía se genera una genealogía de mujeres cuyo poder va aumentando a medida que avanza este periodo histórico. Las reinas ptolemaicas fueron tan poderosas como los reyes y se consideraron la encarnación de divinidades femeninas griegas y egipcias, como —entre otras— Afrodita e Isis. Los griegos compararon a Afrodita con Isis, por lo que para ellos eran equiparables. Algunas de ellas añadieron el título de «Horus femenina» (jeret) a sus títulos reales.

La primera reina ptolemaica de la que deberíamos hablar es Arsínoe II (ca. 316-270 a. C.), cuya aparición impacta profundamente en el papel de la mujer dentro de esta dinastía. Hija de Ptolomeo I y Berenice I de Egipto, se casó con el rey de Tracia, Lisímaco (300 a. C.). En el momento de casarse Arsínoe II tenía dieciséis años, y Lisímaco, sesenta, por lo que fue un matrimonio concertado, ya que Lisímaco había combatido junto a su padre en el ejército de Alejandro Magno. Pese a que uno podría pensar que, debido a la diferencia de edad, Arsínoe II se encontraría subyugada a su marido, no fue lo que sucedió, gracias al contrato matrimonial establecido entre su padre y su esposo. Prueba de su independencia, poder político y económico fue la construcción de un edificio religioso de gran relevancia, la Rotonda en Samotracia, donde había una inscripción que rezaba «*Basilissa Arsinoë*».

Tras la muerte de Lisímaco, Arsínoe II se puso a cargo de las tropas y contrató mercenarios para asegurar el trono para ella y para sus herederos. Posteriormente, Arsínoe II se casa con su hermano Ptolomeo II (274 a. C.), por lo que a partir de este tercer matrimonio se convierte en reina de Egipto. En esta ocasión, Arsínoe II era ocho años mayor que su hermano y esposo. Este matrimonio supone un punto de inflexión, ya que a partir de este momento se va a ensalzar, dentro de la propaganda política, el matrimonio y el amor entre hermanos. Sobre el matrimonio entre hermanos dentro de esta dinastía hablaremos posteriormente en otro capítulo.

Tras su muerte, fue venerada como diosa; de hecho, recibió culto tanto egipcio como griego, y, además, fue designada rey del Alto y el Bajo Egipto, por lo que se ha planteado que este título fuera una muestra del poder de esta reina en vida. No obstante, tal como apunta Donnelly Carney, tanto sus títulos *post mortem* como la influencia y poder que ejerció esta mujer son prueba de que fue un personaje muy relevante en este momento histórico. La figura de Arsínoe II marcó un modelo de actuación para las reinas ptolemaicas.

Después de Arsínoe II, hallamos a Berenice II de Cirene, que se casó con su primo Ptolomeo III (ca. 250 a. C.). En la documentación en demótico se habla de ella como *ta per-aat Berniga*, es decir, «la reina Berenice».

El hecho de que se nombre a las reinas ptolemaicas como tales y no tanto como gran esposa real o esposa real, como sucede sobre todo en el III y II milenio, resulta muy interesante a la hora de definir cuál era su papel dentro de la corte ptolemaica. Estas reinas, al igual que sus predecesoras, mantienen un puesto relevante como madres e hijas, pero esta mención como reinas denota un cambio en la concepción de estas mujeres en el periodo.

Berenice II fue la primera esposa real de la historia egipcia que tuvo una titulatura propia de rey, la cual incluía un nombre de Horus y un nombre de nacimiento (véase el capítulo 4). Su nombre de Horus fue «hija del rey, que engendró al rey». Como ya hemos visto previamente, hubo mujeres que adquirieron la titulatura de rey, pero no fueron esposas reales, sino mujeres que llegaron a gobernar en solitario, por lo que la innovación en este momento es que ella lo hace siendo la esposa del rey. En la dimensión religiosa, que era fundamentalmente dentro de la esfera política, al adquirir estos nombres poseía una cierta igualdad con respecto al faraón. Además, en los templos se muestra a Berenice II como igual al monarca, lo cual enfatiza esta idea de paridad política y religiosa entre los dos gobernantes que se va a acentuar con reinas posteriores.

Uno de los aspectos más interesantes de esta figura histórica fue su independencia, gracias a su gusto por montar a caballo y por ser también propietaria de tierras.

En su culto, Berenice II fue equiparada con Afrodita y, especialmente, con Isis. De hecho, tras su muerte se la veneró con el título de «diosa benevolente» e «Isis, protectora de los desastres en el mar».

Lamentablemente, tras la muerte de Ptolomeo III, esta reina fue asesinada (ca. 221 a. C.). Según Polibio, el responsable de su muerte fue Sosibio, un personaje cercano a Ptolomeo IV. Parece ser que la muerte de Berenice II se debió al deseo de eliminar a la madre del rey en su gobierno.

En el siglo II a. C. la situación de la dinastía ptolemaica cambió radicalmente. En este periodo comenzó una fase de decadencia dentro de la monarquía debido a los conflictos externos del país, los problemas civiles y las propias disputas dentro del palacio. En este contexto se arraigó el poder de las reinas ptolemaicas, un aspecto que se puede observar también visualmente, ya que la forma de representarlas cambió y, a partir de Cleopatra I, se mostraron como reyes.

Cleopatra I era hija del rey seléucida Antíoco III, y se casó con Ptolomeo V (ca. 194 a. C.), cuando ella tenía diez años y él dieciséis. Aunque no eran hermanos se llama a Cleopatra I hermana y esposa del rey, por lo que se continúa esta propaganda real donde se muestran como una pareja divina de hermanos.

Ptolomeo V muere en el 180 a. C. con treinta años y ninguno de sus tres hijos puede gobernar en ese momento, por lo que, con veinticuatro años, Cleopatra I toma el poder y actúa como regente de su hijo Ptolomeo VI. Todo apunta a que el gobierno de Cleopatra I marca un antes y un después en la historia egipcia, ya que a partir de entonces las reinas tuvieron un poder directo sobre el desarrollo político de Egipto.

Bajo su reinado fueron acuñadas monedas donde se la muestra junto con su hijo, acentuando su papel como madre del heredero de Egipto, y también adquirió el título griego de diosa (*thea*). Además, establece un sacerdocio en Ptolemais para su culto y el de Ptolomeo VI. En Alejandría fue venerada como parte del culto dinástico junto con su marido difunto. Por el contrario, en los templos egipcios no observamos a esta reina realizando escenas rituales. El nombre de Horus de esta reina está atestiguado y en él se muestra su relación con divinidades como Thot, Khnum, Neith o Hathor. Cleopatra I muere en el 176 a. C., tras cuatro años de reinado, y, a su muerte, Ptolomeo VI toma el poder en solitario.

Ptolomeo VI se casa con su hermana Cleopatra II (175 a. C.). Tuvieron una hija, Cleopatra III, que se casó con su tío Ptolomeo VIII (ca. 141 a. C.). Durante su reinado se representa a Cleopatra II acompañando a Ptolomeo VI en escenas rituales en los templos, incluso aparece en solitario realizando una ofrenda a los dioses.

En el 170 a. C. Ptolomeo VI nombra corregente a Ptolomeo VIII, por lo que los tres hermanos aparecen juntos gobernando hasta el 164 a. C., año en que Ptolomeo VI se exilia y se queda reinando Ptolomeo VIII. Cuando vuelve, Ptolomeo VIII se marcha a Chipre hasta que Ptolomeo VI muere en el 145 a. C. durante una campaña militar y rápidamente el poder pasa a manos de Ptolomeo VIII.

Una vez que Ptolomeo VIII comienza a gobernar en Egipto se casa con su hermana Cleopatra II, con la que tiene un hijo, Ptolomeo Menfita, que acaba siendo asesinado por su padre, Ptolomeo VIII, cuando Cleopatra II gobierna en solitario en Egipto entre el 132 y 131 a. C. Además, poco tiempo después de llegar al trono, Ptolomeo VIII actúa en contra de su hermana y se casa con su sobrina, Cleopatra III.

Ptolomeo VIII y su sobrina tuvieron cinco hijos. Esto provoca una división en el poder entre Ptolomeo VIII y

Cleopatra III, por un lado, y Cleopatra II, por el otro. Pese a las disputas internas entre Ptolomeo VIII, su hermana y su sobrina, logran llegar a un acuerdo y convivir en el gobierno.

En este contexto, Cleopatra III se va a identificar con la diosa Isis como una forma de legitimarse ante la población egipcia y de propaganda en contra de su madre. Esta identificación de la reina con Isis no es nueva, ya que aparece previamente en la dinastía ptolemaica como ya hemos visto, sin embargo, fue un gran instrumento político en sus manos. A partir de entonces, todas las reinas se van a identificar con la diosa hasta Cleopatra VII.

Al morir Ptolomeo VIII en el 116 a. C. el poder pasa a Ptolomeo IX, que gobierna con Cleopatra II y Cleopatra III, hasta que Cleopatra II muere en el 115 o 108 a. C. Tras la muerte de su madre, su esposa Cleopatra III va a continuar ejerciendo un gran poder dentro del reinado de Ptolomeo IX. El final del reinado con Ptolomeo IX llega cuando anuncia ante los alejandrinos que este ha intentado asesinar a Cleopatra III, y, entonces, una marabunta de gente a favor de la reina le ataca y este huye a Chipre.

A partir de ese momento Cleopatra III gobernará junto con su hijo Ptolomeo X. Una de las pruebas que tenemos para conocer el poder de esta mujer fue que actuó como sacerdotisa de Alejandro a partir del 105 a. C., es decir, que ocupó un cargo que, tradicionalmente, estaba reservado para familiares masculinos del rey, altos oficiales o el propio rey. Finalmente, Cleopatra III muere en el 101 a. C., quizá asesinada por Ptolomeo X.

Berenice III reinó después de Cleopatra III. De la unión de Ptolomeo X con Berenice III parece ser que solo hubo una hija, por lo que es posible que Ptolomeo XI fuese descendiente de la unión de Ptolomeo X con otra mujer.

En el 88 a. C., Ptolomeo X pierde el trono de Egipto y comienza un reinado entre Berenice III y su padre, Ptolomeo IX. El motivo por el cual a Ptolomeo IX le interesó mantener esta unión con su hija fue porque ella gozaba de cierta popularidad en Alejandría. En el 81 a. C. su padre murió y Berenice III gobernó en solitario durante unos meses, hasta que se asoció al trono a Ptolomeo XI, que era su sobrino. El motivo por el cual el gobierno de Berenice III fue tan breve se debió a la intervención de Roma, que consideraba que debía haber un hombre en el trono de Egipto. Poco tiempo después de llegar al poder, Ptolomeo XI asesina a su tía y esposa, Berenice III, por lo que en Alejandría hay un levantamiento en su contra que resulta en la ejecución del monarca.

En ese momento, Ptolomeo XII, hijo de Ptolomeo IX, padre de la futura Cleopatra VII, accede al trono de Egipto. En ese mismo año el rey se casa con su hermana Cleopatra VI, con la que engendra al menos, que sepamos, a Cleopatra Berenice IV. Los investigadores sostienen cierto debate sobre cuántos hijos tuvo la pareja real, ya que hay algunos autores que consideran que esta fue la madre de todos los hijos de Ptolomeo XII y, por el contrario, hay otros que creen que solo tuvo con ella a Cleopatra Berenice IV.

Pocos años después, Cleopatra VI y Berenice IV gobernarán Egipto en ausencia de Ptolomeo XII. Cuando

Ptolomeo XII regresa a Egipto, manda asesinar a su hija Berenice IV y a sus seguidores. El monarca de Egipto finalmente dejó el gobierno en manos de Cleopatra VII. Según Ratié, tanto Tausret como Cleopatra VII poseen ciertas analogías con Hatshepsut. Sobre el ascenso al poder de Cleopatra se hablará posteriormente (véase el capítulo 5).

Como hemos podido apreciar a lo largo de este capítulo, las mujeres en la monarquía egipcia ejercieron el poder con más o menos influencia, dependiendo de su contexto histórico. En cualquier caso, la mujer de la élite en el antiguo Egipto no poseía un papel secundario, sino que se le otorgaba un protagonismo dentro de la sociedad. Al contrario de la mujer romana y la griega, la mujer egipcia tenía una cierta independencia, lo cual queda atestiguado a través de las propias reinas.

El desarrollo que vamos a observar posteriormente en la figura de Cleopatra VII sucede gracias al papel que jugaron previamente numerosas reinas egipcias, desde aquellas que mandaron como regentes o en solitario, hasta las reinas ptolemaicas, que ejercieron de forma ciertamente activa el poder y las cuales no se quedaron en segundo plano. Resulta fundamental entender a Cleopatra VII no como una persona aislada, sino como una mujer fruto de su contexto y cuya educación es fruto no solo de la ideología ptolemaica, sino también de la tradición egipcia.

2
El Egipto de Ptolomeo XII, padre de Cleopatra

Sociedad, cultura y relaciones internacionales

La deuda con Roma y sus relaciones internacionales

Ptolomeo XII era hijo de una mujer desconocida y de Ptolomeo IX, el cual falleció en el 81 a. C. El padre de Cleopatra era el único heredero, ya que Ptolomeo XI había muerto en un linchamiento por asesinar a Berenice III. Se ha planteado que Ptolomeo XII era hijo de Ptolomeo IX y una de sus concubinas; de hecho, su apodo era el Bastardo, e incluso se burlaban llamándole Auletes («el que toca la flauta»), ya que decían que prefería tocar este instrumento que gobernar Egipto. Además, se rumoreaba que le gustaba mucho dar fiestas y que había realizado celebraciones orgiásticas en el palacio de Alejandría.

En época ptolemaica, los sacerdotes de Menfis van a tener una fuerte y estrecha relación con los monarcas de Alejandría; por ese motivo van a ser los encargados de coronar al rey de Egipto en un rito tradicional. Ptolomeo XII fue coronado en Menfis en el 76 a. C. al estilo egipcio por el sumo sacerdote de Ptah, Psenptah III, que entonces tenía tan solo catorce años. En este momento, el rey nombró a Psenptah III su profeta, estrechando así su relación con él.

Por otro lado, al inicio de su gobierno, Egipto pierde Chipre porque el hermano de Ptolomeo XII, Ptolomeo de Chipre, independiza la isla de Egipto y se declara allí monarca. Sin embargo, su reinado no dura mucho, ya que se suicida en el 58 a. C. tras la presión de Roma por anexionarse Chipre. Roma va a poseer Chipre hasta el 48 a. C., que es cuando César se lo devuelve a Egipto.

Resulta de vital importancia comprender el reinado de su antecesor, así como la relación que este sostuvo con Roma, para comprender en profundidad cuál fue la vinculación de nuestra reina con los líderes de la República de Roma.

El reinado de Ptolomeo XII	
81 a. C.	Muerte de Ptolomeo XI Acceso al trono de Ptolomeo XII
80 a. C.	Independencia de Chipre bajo el gobierno de Ptolomeo de Chipre
76 a. C.	Coronación de Ptolomeo XII en Menfis
70 o 69 a. C.	Nacimiento de Cleopatra VII
65 a. C.	Propuesta en el Senado de Marco Licinio Craso de anexionar Egipto a Roma
64 a. C.	Ptolomeo XII apoya a Pompeyo en su guerra
59 a. C.	Soborno a César y a Pompeyo Reconocimiento de Ptolomeo XII como amigo y aliado de Roma

El reinado de Ptolomeo XII	
58 a. C.	Exilio a Roma
56 a. C.	Coronación de Berenice IV
55 a. C.	Restitución de Ptolomeo XII en el trono de Egipto Llegada de unidades militares romanas a Egipto
51 a. C.	Muerte de Ptolomeo XII Acceso al trono de Cleopatra VII y Ptolomeo XIII

Ptolomeo XII no solo tuvo una buena relación diplomática con Roma, sino que se dedicó a sobornar a los romanos para garantizar la independencia de Egipto. De hecho, en el año 59 a. C., Ptolomeo XII soborna a Julio César y a Pompeyo con seis mil talentos aproximadamente para conseguir que el Primer Triunvirato, compuesto por César, Pompeyo y Craso, apoyase su reinado. Se ha estimado que este soborno supuso un gran gasto para la economía egipcia, ya que, posiblemente, suponía la mitad de los ingresos de Egipto de medio año o incluso de un año. En cualquier caso, este pago a César y Pompeyo tuvo un gran impacto en la economía egipcia.

El motivo por el que a él le interesaba recibir el apoyo de Roma se debía a que parece ser que en un testamento su padre, Ptolomeo IX, había dejado Egipto a Roma. Sin embargo, probablemente gracias a los sobornos, pero sobre todo a la ayuda que había prestado en Siria al ejército romano, se convierte en amigo y aliado de la República romana en el 59 a. C. Con este gesto, el Senado le reconoce como rey de Egipto. Suetonio, lejos de mostrarnos una imagen idílica de Julio César, nos cuenta que era una persona que se dejaba llevar por el dinero, y como ejemplo cita el soborno recibido de Ptolomeo XII. Este gasto supuso un aumento en el pago de impuestos que desembocó en descontento social y en las revueltas del nomo —el nomo era una provincia egipcia— de Heracleópolis en el 61 a. C.

Los problemas internos del país acabaron llevándole al exilio en Roma un año después, en el 58 a. C. Se ha planteado en numerosas ocasiones que, durante su exilio en Roma, le acompañó Cleopatra, que entonces tenía alrededor de nueve años. Durante su estancia se alojó en una villa en los montes Albanos, en la zona del Lacio. Al derrocarle, es su hija Berenice IV la que asume el poder y se corona reina en el 56 a. C.

Para entender por qué motivo Roma no conquistó Egipto desde un primer momento debemos hablar también de las relaciones clientelares que tenía con otros reinos, más allá de los sobornos de Ptolomeo XII. En estos casos, al gobierno romano le interesaba mantener buenas relaciones diplomáticas en vez de establecer un control directo. Sin embargo, debemos tener presente que en el caso de Egipto fue mucho más complejo, ya que las actitudes de la dinastía ptolemaica no fueron especialmente pacíficas.

Asimismo, Egipto era muy interesante para Roma desde el punto de vista económico, no solo por la cantidad de grano que podía proveer a la República. El país se encontraba en un enclave geográfico muy importante, debido a que conectaba con las rutas comerciales del interior de África y el mar Rojo. Esta relación beneficiaba a los comerciantes romanos que, dentro del país aliado, eran protegidos y tenían privilegios. Por tanto, sin necesidad de conquistar sus territorios, Roma se lucró económicamente de esta vinculación con la monarquía egipcia.

Egipto se une a Roma porque garantiza la defensa del país. Esta vinculación establecía un mutuo beneficio al no atacarse ni establecer alianzas con otras potencias que pudiesen ir en contra de los intereses de los dos. En algunos casos, estos reinos clientelares se acabaron convirtiendo en provincias, como sucedió finalmente con Egipto.

Sin embargo, pese a esta alianza, durante el gobierno de Ptolomeo XII ya existían algunas voces en Roma que querían acabar con la libertad de los egipcios. Tal es el caso de Marco Licinio Craso, que en el 65 a. C. propuso en el Senado acabar con dicha independencia, pero su propuesta no fue aceptada, porque parece ser que los senadores preferían aprovechar la desesperación del monarca egipcio.

Ptolomeo XII vuelve a Egipto después de ser restituido en el trono en el 55 a. C. gracias al soborno al gobierno de Siria. Sin embargo, por muy idílica que pueda parecer esta situación de recuperar el trono de Egipto, lo cierto es que supuso una gran deuda para él, ya que para lograr este objetivo tuvo que pagar un ejército de mercenarios, lo cual no fue barato. Los mercenarios se quedaron en Alejandría, donde acabaron formando bandas criminales que afectaron seriamente a la seguridad y generaron el descontento social dentro de la capital.

A su vuelta debió hacer frente a la deuda que había contraído, por lo que se ve obligado a subir los impuestos y a efectuar un recorte de gastos administrativos.

Además, una vez que se restablece en el gobierno, Ptolomeo XII ejecuta a su hija, que se había nombrado reina de Egipto en su ausencia.

A principios del 51 a. C. Ptolomeo XII fallece. Al contrario de lo que sucede con otros personajes de su dinastía, él muere por causas naturales y el trono pasa de forma aparentemente pacífica a sus dos hijos, Cleopatra VII y Ptolomeo XIII. Sin embargo, pese a que hay cierta paz tras su muerte, no todo fue favorable para los futuros gobernantes de Egipto, ya que, debido a los gastos que Ptolomeo XII realizó en Roma, dejó una deuda en Egipto de diecisiete millones y medio de dracmas.

La ciudad de Alejandría

Alejandría, tal como se va a desarrollar posteriormente, fue fundada por Alejandro Magno a su paso por Egipto. Va a ser una ciudad de diseño griego gracias al arquitecto Dinócrates de Rodas.

Pese a que se atribuye su fundación a Alejandro, lo cierto es que en la zona suroeste de la ciudad ya existía un asentamiento egipcio desde época de Ramsés II que se llamaba Racotis. Racotis se convertirá en el barrio egipcio de la ciudad en época ptolemaica. En esta zona antigua, alejada del centro, se ubicaba el templo dedicado a Serapis y también el lugar donde los embalsamadores alejandrinos trabajaban momificando a aquellos que así lo deseaban.

Pese a que hubo egipcios viviendo en Alejandría, la mayor parte de la población fue griega y mediterránea. En esta ciudad —que llegó a tener medio millón de habitantes— también vivieron judíos, sirios, galos y persas. Por tanto, aunque la mayor parte de la sociedad se consideraba griega, tenemos que entender Alejandría como una ciudad de encuentro entre culturas. Como bien apunta Venit, en Alejandría fue más importante la estratificación social que las diferencias étnicas, por lo que lo que marcaba que una persona que residía allí fuese considerada mejor o peor dentro de la escala social no era su etnia, sino el lugar que ocupaba dentro de la jerarquía social. Además, esta identidad étnica irá cambiando a lo largo de la época ptolemaica.

A continuación, pasaremos a comentar cómo era la ciudad, algo fundamental al estudiar a Cleopatra VII, ya que muchos de los acontecimientos de los que hablaremos posteriormente se ubicaron en espacios de la capital. Para describirla, nos basaremos sobre todo en la descripción de Estrabón, que viajó a Egipto poco después de la muerte de la reina.

Según llegaba un barco a la ciudad de Alejandría,

se encontraba la isla de Faro (o Faros), y, a cada lado, se hallaba un puerto, uno en el este y otro en el oeste. Había dos bahías cerradas que podían recibir navíos, aunque el puerto principal era el del este. La entrada al puerto oriental era estrecha, debido a que en un extremo se encontraba el saliente de la isla de Faro y al otro lado el cabo Loquias. En esta bahía se encontraba también el puerto privado del palacio de Alejandría, el cual había sido creado artificialmente para otorgar privacidad a los reyes, que tenían su palacio encima del cabo.

Este palacio actualmente está bajo las aguas del Mediterráneo, ya que en el 365 d. C. la ciudad se vio azotada por un tsunami, por lo que probablemente a partir de aquel momento quedó sumergido. Por ese motivo, se están llevando a cabo en la zona, desde finales del siglo xx, labores de arqueología subacuática.

Al sur de la ciudad había otro puerto, el del lago Mareotis. Este lago conectaba la ciudad de Alejandría con el Nilo, por lo que gracias a este la ciudad recibía comerciantes tanto del Mediterráneo como del interior de Egipto. Según Estrabón, este puerto tenía mucho más tráfico que el puerto marítimo.

En cuanto al puerto occidental, también conocido como puerto de Eunosto, recibía navegantes y poseía un astillero. Además, en el lado oeste de este puerto existía un canal por el que se podía ir al lago Mareotis.

La isla de Faro, en realidad, se convirtió en una península que estaba unida a tierra por un istmo conocido como Heptastadio, que era dique, puente y acueducto.

Después de la guerra de Alejandría del 48-47 a. C., las construcciones de la isla quedan en muy mal estado y cuando Estrabón visita la ciudad todavía no se han reconstruido.

Por otro lado, junto a esta isla, en otra isla pequeña unida por un puente a la de Faro, se hallaba el famoso faro de la ciudad, que constituyó una de las siete maravillas del mundo antiguo. Parece que el arquitecto que lo diseñó fue Sóstrato de Cnido por petición de Ptolomeo I, aunque la idea parece que fue de Alejandro. Esta gran torre comenzó a construirse en el 297 a. C. y su obra costó ochocientos talentos. El objetivo de este faro era hacer que la llegada a Alejandría fuese más segura por mar, ya que se encontraba en una zona compleja para navegar. Según Flavio Josefo, el fuego del faro podía observarse a una distancia de trescientos estadios, que equivalen a cincuenta y cinco kilómetros aproximadamente. Se ha calculado que medía unos ciento veinte metros de altura.

Las características del faro las conocemos sobre todo a través de algunas monedas acuñadas por los emperadores Domiciano y Cómodo, en las cuales se ve el faro con la estatua en la cúspide. En cuanto a la escultura que se levantaba sobre él, se ha planteado que podría haber sido Poseidón, Zeus Soter o Isis. Chugg, en su estudio sobre el faro de Alejandría, propone que es posible que fuese el dios griego Helios, ya que en algunas representaciones se muestra con la corona radiada en la cabeza. El autor argumenta que no es descabellado pensar que era esta divinidad, porque el coloso de Rodas también representaba a este dios y se construyó más o menos en las mismas fechas, y, por otro lado, porque fue habitual la representación de Alejandro Magno como Helios; además, en ocasiones se representa a esta figura con el globo celestial en la mano. Por tanto, la estatua del faro representaría a Alejandro Magno como el dios Helios según esta hipótesis.

En lo que respecta a cómo daba luz el faro, hay diferentes hipótesis. Quizá la más conocida es la que surgió en época medieval que proponía la existencia de un espejo. Chugg plantea que el fuego del faro fue alimentado no con madera, sino con combustible a base de parafina, lo cual no es descabellado, ya que los Ptolomeos tuvieron acceso a este tipo de sustancias.

La ciudad de Alejandría poseía cinco barrios: Racotis, del que ya hemos hablado; Neápolis, que era el barrio griego; Brucheion, que era el área palaciega; Eleusis; y Nicópolis. Nicópolis se situaba en la zona oeste, y comenzó a construirse por Octaviano en el lugar donde situó su campamento en el 30 a. C. Por tanto, la Alejandría de Cleopatra VII solo tuvo cuatro barrios, ya que el quinto fue levantado posteriormente.

Resulta de vital importancia hablar del palacio de Alejandría, lugar de residencia de nuestra reina. El palacio se ubicaba en el extremo oriental de la ciudad, a orillas del puerto del este y en la zona del cabo Loquias, que actualmente está sumergido bajo el agua. La arquitectura aunaba elementos griegos y egipcios: mientras que, por un lado, había columnas de capitel griego, por otro se decoró también con esculturas egipcias. Como bien apunta Miller, debemos imaginar el palacio de Alejandría como una estructura ecléctica, con elementos de diferentes culturas, por lo que aunaría elementos estéticos que pondrían de relieve el carácter híbrido de la propia ciudad.

Lucano nos describe el palacio como un lugar de riquezas excepcionales:

> La propia sala era parecida a un templo que una época más corrompida a duras penas podría construir; los techos artesonados acumulaban riquezas y una espesa lámina de oro ocultaba las vigas. La estancia brillaba revestida de mármoles, pero no con unas meras placas superficiales [...]. El marfil reviste los atrios, y en las puertas están embutidos caparazones de tortuga india coloreados a mano, con sus junturas moteadas por el engaste de frecuentes esmeraldas. Refulge la pedrería en los lechos y, con reflejos de jaspe, la dorada vajilla; resplandecen los tapices, cuya mayor parte, cocida en el tinte de Tiro, absorbió largo tiempo la droga en más de un caldero; parte brilla con brocados de oro, parte, con una llamarada escarlata, según es entre los egipcios la costumbre de entreverar tramas en sus tejidos.

Pese a que la descripción de Lucano encierra una enorme belleza, lo cierto es que forma parte de una fantasía y una licencia literaria del autor, por lo que no debemos tomarnos al pie de la letra sus palabras. Sin embargo, resulta muy sugerente, ya que a través de él podemos conocer cómo concebían los romanos de la época el lujo y el exceso. El gusto ptolemaico por la ostentación y la extravagancia (*tryphé*), que era un símbolo de fuerza para los Ptolomeos, contrastaba con la austeridad romana.

El edificio más conocido para nosotros de toda Alejandría es la biblioteca; sin embargo, lo que muchas personas desconocen es que no podemos entender la biblioteca sin el museo, ya que en la biblioteca era donde se albergaban los libros y en el museo era donde se impartían las clases. Estos dos edificios se ubicaban cerca del palacio real.

El Museo de Alejandría formó parte de una estrategia política y educativa de la dinastía ptolemaica. Tenía, además, un componente religioso, ya que era un lugar de culto a las musas griegas. Hasta ese momento, el otro gran centro de conocimiento era Atenas. El concepto de museo (μουσεῖον) era herencia de la escuela platónica y aristotélica que ya se mostraban como una corte de las musas: prueba de ello es la existencia de otros museos en el mundo griego. De hecho, se considera que es una adaptación ptolemaica del Liceo de Aristóteles.

Demetrio de Falero, el primer director del museo, se educó en la escuela aristotélica, por lo que hubo una relación directa con la filosofía griega desde el inicio. Gracias al patrocinio real, científicos, escritores, poetas e investigadores griegos llegaron a Alejandría para aprender e investigar. El rey era el encargado de mantener esta institución y a sus investigadores, los cuales eran atendidos por un cuerpo de funcionarios para que pudiesen dedicarse por completo a sus estudios. Estos podían enriquecerse de la biblioteca, el jardín y las conversaciones con otros estudiosos. En la biblioteca se conservaron casi medio millón de libros y se tradujeron obras al griego, como por ejemplo la *Septuaginta*.

El museo, como edificio, formaba parte del palacio, poseía un paseo público, una exedra y el edificio del museo como tal. Dentro de sus instalaciones, incluía jardines, espacios para impartir clases, dormitorios y comedores donde los eruditos podían vivir y centrarse en sus investigaciones y aprendizajes.

Su director era nombrado por el rey y, por tanto, tenía una especial relación con él y con la familia real, entre otros motivos porque se convertía en el tutor de príncipes y princesas.

Posteriormente, durante el reinado de Ptolomeo II se contrataron profesores y se ubicaron aulas en el museo donde estos pudiesen impartir clases. Además, estos investigadores, aunque no tenían la obligación de ser docentes, acabaron compartiendo sus conocimientos y poseyendo discípulos. En un inicio, el museo funcionó como una academia, pero posteriormente acabó pareciéndose más a una universidad. Alejandría se convirtió en un centro muy relevante de estudio, que podría parecerse a lo que concebimos como universidad hoy en día, salvando las distancias, ya que las universidades surgen en la Edad Media en Europa. Destacó sobre todo en medicina desde época ptolemaica hasta la conquista árabe en el siglo VII d. C.

Debemos imaginarnos la biblioteca y el museo en el

siglo III a. C. como un foco de atracción de talento, y a los reyes como mecenas de estos eruditos, ya que mantenían económicamente a aquellos que invitaban para beneficiarse de sus instalaciones. Gracias a esta estrategia, Alejandría se convirtió en un centro de conocimiento muy relevante en el mundo antiguo y, sobre todo, en el mundo griego.

Grandes médicos como Galeno, Herófilo y Erasístrato estudiaron allí e hicieron grandes avances, como fueron, por ejemplo, sus estudios sobre anatomía, el sistema nervioso, óptico, digestivo y reproductivo. También hubo filólogos, como Zenódoto o Aristarco, que realizaron un estudio crítico de la literatura griega. Pero, quizá, de todas las investigaciones que se realizaron en Alejandría, la más importante probablemente fue la medición de la circunferencia de la Tierra por Eratóstenes.

No obstante, pese a que la biblioteca y el museo fueron centros de conocimiento ligados a la monarquía ptolemaica, a partir de Ptolomeo VIII la situación cambia, ya que este rey expulsa a los intelectuales del Museo de Alejandría en el 145 a. C. Por tanto, aunque continuaron siendo lugares muy importantes, no van a atraer al mismo número de pensadores helenos que antes. Posteriormente, Ptolomeo XII y Cleopatra VII van a intentar revitalizar la intelectualidad en Alejandría.

La biblioteca se fundó con el objetivo de aunar conocimiento y poder, por lo que forma parte de una estrategia política de la cual se beneficiarán los investigadores de la época. El acceso a este saber aportaba información para desarrollar la política exterior del país, por lo que invertir en la creación de la biblioteca no era una tarea desinteresada. Además, no se trataba únicamente del acceso a los libros, sino también a los eruditos que acudían a la ciudad, los cuales podían realizar funciones de asesoramiento y ayuda al gobierno. En este contexto también se tradujeron obras al griego, para poder conocer en mayor profundidad las obras intelectuales de las potencias extranjeras, así como entender mejor el pensamiento de otros gobiernos.

Para juntar todos estos libros en la biblioteca, los alejandrinos inspeccionaban los barcos que llegaban a la ciudad en busca de estos, y si había alguna obra allí, la requisaban para hacer una copia. Posteriormente, entregaban la copia al dueño y ellos se quedaban con el documento original en la biblioteca.

Además, esta no reunió únicamente conocimiento griego, sino también egipcio y de otros lugares del Mediterráneo, como por ejemplo la Torá judía. Otro ejemplo es que Ptolomeo I encargó a Manetón, sumo sacerdote de Heliópolis, la redacción de una historia del antiguo Egipto hasta la fecha.

La gran producción de copias de manuscritos que se realizó en la biblioteca supuso un problema con el acceso al papiro en el mundo antiguo. En aquella época no existía el papel, por lo que en el Mediterráneo las personas, para escribir, utilizaban papiro que provenía de Egipto. Debido a la necesidad de los Ptolomeos por disponer de grandes cantidades de papiro, dejaron de exportarlo, por lo que fuera del Nilo tuvieron que buscar otros soportes para escribir más allá de los óstraca. Los óstraca eran trozos de cerámica o piedra reciclados que se utilizaban en la Antigüedad para escribir. En el antiguo Egipto los utilizaban mucho antes de la llegada de los griegos. Pese a que cuando pensamos en óstraca se nos viene a la mente el ostracismo, lo cierto es que nada tiene que ver el uso de óstraca en Egipto con este fenómeno político griego. Estos óstraca eran materiales baratos y fáciles de obtener, por lo que nos han llegado numerosos textos en este soporte de escritura. Para escribir un libro entero un óstraca no era práctico. El material preferido para escribir era el papiro, pero este era más caro de obtener, de ahí que fuese popular el uso de estos óstraca. Egipto proveía de papiro al Mediterráneo, por lo que con la creación de la biblioteca se monopoliza el consumo en el país y se limita la exportación. En este momento existía una creciente necesidad de abastecimiento de papiro para la biblioteca, además del consumo regular de este material para propósitos administrativos, funerarios, etcétera. Debido a la escasez de papiro, en Pérgamo, que también poseía una gran biblioteca, se inventó el pergamino, a partir del cual surgirán los códices, cuyo uso se extenderá en época medieval.

Debido a este afán por conservar copias de todos los libros comienzan a quedarse sin espacio en la biblioteca original y deben ampliarla, por lo que la segunda gran biblioteca de la ciudad se ubicó en el Serapeum, además de generar pequeñas bibliotecas a lo largo de toda la ciudad. Una vez que se pierde la biblioteca central, el Serapeum se va a convertir en el centro de la vida intelectual de la ciudad.

Aunque pueda parecer una adaptación griega de las bibliotecas que se hallaban en los templos de Egipto, lo cierto es que si nos remitimos a las fuentes clásicas parece que es una adaptación ptolemaica de una tradición griega. La idea de crear dicha biblioteca tendría un origen griego. Sin embargo, no debemos olvidar que los egipcios también aglutinaban una gran cantidad de conocimientos en sus templos que incluían bibliotecas, como observamos, por ejemplo, en el templo de Edfu. Por ello, sabemos que tanto en la tradición griega como en la egipcia existía esta necesidad de conservar manuscritos.

Según Honigman, a los Ptolomeos les preocupó ser aceptados por la élite egipcia, pero también por el mundo griego. En este sentido, la creación del museo habría ayudado a este propósito junto con el culto a Serapis e Isis, los juegos, las Ptolemaia y la ubicación allí de la tumba de Alejandro.

En cuanto al incendio de la biblioteca en época de Cleopatra, del cual hablaremos en otro capítulo, supuso una gran pérdida de las obras que guardaba la biblioteca central, pero no se vieron afectadas las copias de los libros que había en las bibliotecas secundarias repartidas a lo largo y ancho de la ciudad. Posteriormente, Marco Antonio donó a Cleopatra gran parte de los libros de la biblioteca de Pérgamo. Por otro lado, Estrabón no dedica mucha atención a la biblioteca en su descripción sobre la ciudad, por lo que esto se ha interpretado por muchos autores como una prueba para determinar que la biblioteca se habría destruido después del incendio de César, sin embargo, debemos tener en cuenta que la época de esplendor del museo y de la biblioteca fue en el siglo III a. C. y, aunque se intenta revitalizar posteriormente, lo cierto es que poco a poco, por culpa de las luchas políticas internas de la dinastía, fue disminuyendo su calidad.

Dentro de la ciudad destacó enormemente el culto a la diosa Isis, que en la mitología egipcia era la madre de Horus, y la hermana y esposa del dios Osiris. Pero no fue únicamente valorada como esposa y madre, también era una diosa maga muy poderosa dentro de la religión. En la mitología egipcia, Isis era la esposa de Osiris. Según el autor romano Plutarco (ss. I-II d. C.) estos dos dioses gobernaron Egipto hasta que su hermano Seth mata a Osiris. Las dos hermanas de Osiris, Isis y Neftis, recuperan los restos del dios y se los llevan a Anubis para que, con su ayuda, realice la primera momificación. Osiris pasa a gobernar en el más allá. Por otro lado, Isis se queda embarazada de Horus, por lo que le esconde en los marjales del delta del Nilo hasta que este cumple la mayoría de edad y se enfrenta a su tío Seth, al cual derrota, tras lo cual Horus se convierte en el último dios que gobierna Egipto.

Isis tenía cierta aceptación entre los griegos, prueba de ello es que años antes de la llegada de Alejandro a Egipto, en el Pireo se estableció un templo dedicado a ella. Sabemos que la ciudad albergaba varios templos dedicados a Isis: en primer lugar, uno al lado del ágora, que era el más antiguo; el segundo, el Serapeum, ya que allí se le rendía culto junto con Serapis, al ser su cónyuge divina; en tercer lugar, el de Ptolomeo IV y Arsinoe III; y, finalmente, según creen algunos, el templo de la isla de Faro. Además, debemos recordar que las reinas ptolemaicas se identificaron con esta diosa, por lo que fue una divinidad muy relevante para la legitimación política y religiosa de estas.

Pese a que Alejandría desde un inicio tuvo una organización griega, se cree que el primer templo de Isis en la ciudad pudo tener una arquitectura de tipo egipcio y no griego, debido a que en monedas de época romana se ha mostrado el templo con un tipo de fachada egipcia. Esto podría ser cierto, dado que el templo de Isis fue uno de los primeros en construirse en época ptolemaica y, además, porque cerca de la ciudad, en Canopo, se erigió un templo dedicado a Osiris con un orden egipcio.

Desde Alejandría, en el siglo I a. C., se expande el culto a Isis Faria por el Mediterráneo, en parte gracias a que se muestra a la diosa como protectora de los marineros, ya que gracias al faro ayudaba a tener un viaje libre de peligros. En la mitología egipcia, Isis no tiene una relación con el mar, pero sí de alguna forma con el Nilo, por su relación con Sirio y con las aguas del Nun, que eran las aguas donde, según la mitología egipcia, había surgido toda la creación de mano del dios creador. Existe cierto debate sobre si existió o no un templo dedicado a Isis en la isla de Faro, ya que algunos autores clásicos designaban a Alejandría como Faro, por lo que Faro sería un topónimo de la propia ciudad, lo que induce a confusión. Tuviese o no un templo en la isla de Faro, lo que está claro es que Isis adquiere el epíteto de Faria, que, sería, en este caso, un sinónimo de «egipcia» o «alejandrina». Por tanto, al hablar de Isis Faria en realidad estaríamos hablando de Isis de Alejandría o de Isis de Egipto.

En cuanto al templo dedicado a Serapis, el Serapeum, se hablará en mayor profundidad de este dios y su lugar de culto en la ciudad en otro capítulo.

También existió un templo dedicado a Poseidón cerca del gran puerto de la ciudad. En el centro de la urbe, sobre una colina, se erigió un templo dedicado al dios Pan.

Por otro lado, en la ciudad también había espacios de ocio y de encuentro social, como fueron el teatro, el gimnasio o el ágora.

El ágora —un espacio de origen griego— fue un lugar muy importante dentro de la vida alejandrina. Hay cierto debate sobre si en la Alejandría de Cleopatra VII hubo una, dos o varias ágoras. En cualquier caso, solo tenemos constancia de que nuestra reina visitase el ágora principal de la ciudad, que era la que se encontraba en el centro de esta, al lado del Soma —gran mausoleo donde descansaban los restos de Alejandro Magno y de algunos miembros de la realeza ptolemaica—. La construcción de esta ágora principal de la ciudad parece que fue idea de Alejandro, por lo que se convierte desde el inicio en un espacio central dentro de la ciudad. El ágora en las ciudades griegas se encontraba habitualmente en un lugar de confluencia de caminos y su trazado en ocasiones era irregular por el propio desarrollo de la ciudad y sus caminos. Sin embargo, en las ciudades de nueva construcción, como es Alejandría, se trazaron ágoras rectangulares o cuadradas, por lo que la planimetría de la ciudad está mucho más organizada al seguir un urbanismo de tipo hipodámico.

La ciudad de Alejandría también poseía un gran gimnasio, cuya existencia conocemos a través de las fuentes escritas, pero no de las arqueológicas, ya que no nos han llegado sus restos, al contrario de lo que sucede con otros gimnasios que se construyeron a lo largo de Egipto. El gimnasio de la ciudad se situó en los aledaños del palacio de los Ptolomeos y, según Estrabón, se encontraba en la calle Canopa, que era la gran avenida que conectaba la ciudad desde la necrópolis occidental hasta el gimnasio, y era un edificio majestuoso. Este espacio fue utilizado sobre todo por jóvenes y, además, fue el lugar de algunos episodios violentos, como por ejemplo la masacre efectuada por Ptolomeo VIII en contra de los seguidores de su hermana Cleopatra II, o la ejecución de Ptolomeo XI. Por otro lado, aparte de este gran gimnasio había otros a lo largo de la ciudad donde las personas podían ir a ejercitarse.

En el Egipto ptolemaico aquellos que acudían al gimnasio estaban participando de la cultura y de la identidad griega, y de la *paideia* («educación»), aunque practicasen otras actividades de tradición egipcia. El teatro y el gimnasio de Alejandría no fueron únicamente lugares de ocio, sino centros educativos helenos. No obstante, aunque esta práctica era propia de los griegos, debemos tener en cuenta que los egipcios ya conocían los deportes de combate, por lo que este tipo de ejercicio físico no les era ajeno.

En cuanto al gran teatro, este se ubicaba bajo el gran puerto y el puerto del palacio. En el teatro no solo se entretenía a la población; para los griegos, también era un lugar para la educación. Este teatro fue utilizado como fortaleza por César durante la guerra de Alejandría.

La ciudad también poseía anfiteatro, estadio e hipódromo en el oeste. No obstante, aunque el teatro principal de la ciudad se ubicaba en la cercanía del palacio, seguramente hubo otros teatros a lo largo de la ciudad.

En cuanto a los edificios administrativos, se encontrarían también cerca del palacio, aunque alejados del gran puerto. En esta zona y sus cercanías se encontraba el emporio de la ciudad.

En este entorno del palacio y del puerto mandó construir Marco Antonio el Timoneion, una estructura levantada después de la derrota de la batalla de Accio para aislarse del mundo.

La ciudad también poseía espacios para el enterramiento; de hecho, existieron tumbas monumentales, como el Soma. El Soma quizá sea la tumba más importante de época ptolemaica, ya que en ella yacía, como se ha dicho, el cuerpo de Alejandro Magno. El conquistador había muerto en Babilonia, pero Pérdicas quiso llevarle a

Macedonia para enterrarle junto con el resto de los reyes macedonios. Sin embargo, Ptolomeo quería hacerse con el cuerpo de Alejandro para depositarlo en Egipto, y según parece logró interceptar a Pérdicas en la zona de Siria y se llevó los restos a Menfis. Poco después se trasladó de Menfis a Alejandría, en cuyo entorno se levantó el Soma, el cual se encontraba dentro del recinto palaciego, por lo que se hallaba estrechamente vinculado a la dinastía, como también el museo y la biblioteca. Durante el siglo III a. C., los reyes se inhumaron cerca del Soma en tumbas individuales, sin embargo, Ptolomeo IV construyó un nuevo Soma —una superestructura con forma piramidal, según Estrabón—, que albergaría no solo la tumba de Alejandro, sino también los enterramientos de los Ptolomeos.

Una sociedad mixta

En muchas ocasiones, cuando pensamos en los griegos en el Egipto ptolemaico, tenemos la imagen equivocada de que constituyeron un grupo social que no se mezclaba con la población egipcia, una idea totalmente alejada de la realidad. Pese a que hubo personas de otras nacionalidades, la mayor parte de la población en época ptolemaica era egipcia o griega.

Los griegos se expanden por el Mediterráneo creando colonias en el siglo VIII a. C. y se asientan por primera vez en Egipto en el siglo VII a. C. Aunque ya había colonias griegas en Egipto a la llegada de Alejandro, lo cierto es que la mayor parte de la inmigración helena llegó en época ptolemaica. No obstante, aunque es tentador pensar que los griegos emigraron en masa a un Egipto gobernado por Ptolomeo I, la población griega y macedonia solo supuso un 10 por ciento del total en este periodo, y, además, aunque se expandió a lo largo del Nilo, la mayor parte se asentó en Alejandría y Fayum. En Fayum, los griegos llegaron a constituir el 30 por ciento de la población, lo cual se traduce en aproximadamente ochenta y cinco mil habitantes.

Por otro lado, es fundamental tener presente que no es lo mismo hablar de inmigrantes griegos y macedonios que de población que se consideraba griega en el Egipto ptolemaico. Por un lado, los inmigrantes griegos y macedonios son aquellos que habitaban en el otro lado del Mediterráneo y llegaron a Egipto en ese momento, por lo que habían sido educados en un contexto cultural puramente heleno. Una vez en Egipto, se asientan y viven ahí, entrando en contacto con la población nativa egipcia.

La mayor parte de estos inmigrantes griegos y macedonios eran militares a los cuales se les proporcionaron tierras, por lo que se quedaron allí realizando tareas agrícolas. Algunos de estos se casaron con egipcias y otros fueron con sus familias. Los matrimonios mixtos entre griegos y egipcios ayudaron a que estos dos grupos se fuesen mezclando y adaptando más fácilmente. Esta mezcla entre ambos grupos culturales proporcionaba beneficios a ambas partes, ya que mientras que los egipcios eran la élite cultural y religiosa del país, los griegos eran la nueva élite política y económica. Por otro lado, tenemos a los que se consideran griegos en las fuentes, lo cual no quiere decir que fuesen necesariamente inmigrantes, sino que en muchas ocasiones eran hijos de inmigrantes que mantenían su estatus de griegos en el país. Muchos de estos eran hijos de matrimonios mixtos que poseían un nombre griego y otro egipcio, por lo que tenían una doble identidad cultural. Un ejemplo de ello lo observamos entre los sacerdotes menfitas, los cuales mantuvieron una estrecha relación con los reyes ptolemaicos, que poseían nombres dobles —por ejemplo, el ya mencionado Psenptah era también Esisout.

Esto no nos debe extrañar, ya que poseer una doble identidad cultural es algo bastante habitual en personas que son hijos de padres con diferente nacionalidad o incluso hijos de migrantes, que, aunque se sienten del país donde se han criado, también tienen un vínculo con el lugar de origen de sus padres. Este fenómeno sucedía entonces y también en nuestros días. Muchas personas del Egipto ptolemaico poseyeron una doble identidad y un doble sentimiento de pertenencia.

Este proceso de mezcla cultural fue un proceso heterogéneo, ya que un inmigrante que vivía en Alejandría no tenía la necesidad de integrarse con la población egipcia que podía tener uno que residía en Tebas. No obstante, Alejandría y Fayum no quedaron aisladas y acabaron por incorporar lo egipcio a su cultura. Por ejemplo, las tumbas de Alejandría son una prueba de cómo va evolucionando la creación de esta identidad bicultural e híbrida, y cómo los alejandrinos acabaron aceptando elementos culturales egipcios dentro de su ciudad.

Esta identidad bicultural provocó que, dependiendo del contexto, como bien señala Bosch Puche, las personas utilizasen una identidad griega en un ambiente laboral u oficial, mientras que en la esfera privada podían poseer una identidad egipcia. Por otro lado, mientras que al principio de la época ptolemaica poseer un nombre griego o egipcio marcaba un origen cultural, una etnia, a partir del siglo II a. C. esto se pierde, ya que tener un nombre griego indicaba un estatus legal y una participación en la burocracia griega. Por ello, en época de Cleopatra VII, que un individuo tuviera un nombre griego no era prueba de que fuese étnicamente griego. Además, hubo padres griegos que dieron nombres egipcios a sus hijos. Como bien apuntan Clarysse y Torallas Tovar, tener un nombre griego o egipcio en aquella época no demuestra la pertenencia a ninguno de los dos grupos sociales, porque se pierde el sentido original debido al proceso de hibridación cultural.

Por esto, cuando hablemos de si la madre de Cleopatra era egipcia, realmente es muy difícil dilucidar si siendo egipcia poseería ciertos rasgos físicos que atribuimos a los egipcios o, si, por el contrario, aunque fuese egipcia podría haber tenido un aspecto más parecido a lo que entendemos como griego, o viceversa, ya que, después de casi tres siglos de mezcla entre la población, lo más probable es que fuese heredera de genes helenos y egipcios.

Por último, los Ptolomeos establecen el griego como la lengua oficial de la administración ptolemaica. Esto obligó a muchos escribas a saber griego para continuar con su actividad profesional. No obstante, el griego no desplazó por completo a la lengua egipcia, ya que los escribas de este periodo continuaron utilizando el demótico, que era una escritura muy deformada de la lengua egipcia. Pese a que sobre todo fueron los egipcios los que quisieron aprender griego para poder participar en la nueva administración del Estado, también hubo otros que desearon estudiar egipcio. Por este motivo, en las ciudades vamos a ver una población bilingüe. Sobre la cuestión de los idiomas que conocía Cleopatra VII hablaremos posteriormente.

3
Ascendencia, consanguineidad y color de piel
La infancia de Cleopatra

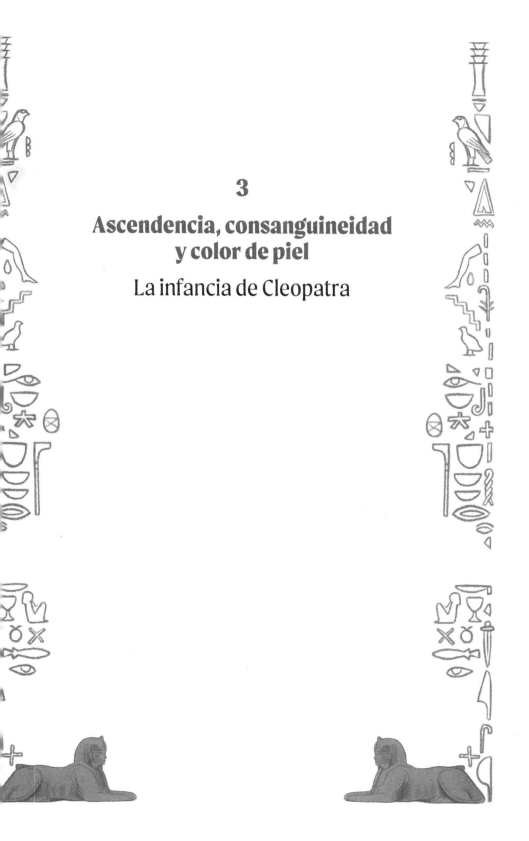

Una vez que hemos abordado el contexto histórico de Cleopatra, cómo eran Egipto y Alejandría cuando ella nació y gobernó, resulta de vital importancia acercarnos a algunas cuestiones que, si bien no forman parte del cuadro de su gobierno o su personalidad, han sido objeto de debate e interés durante siglos.

En primer lugar, cabe preguntarnos quién fue su madre para conocer cuál fue su origen y relación con la cultura egipcia. Por otra parte, conocer cómo fue su infancia arrojaría luz sobre la figura que tratamos de desvelar, ya que ella comienza a gobernar siendo muy joven y nos ayudaría conocer cómo su educación pudo influir en su forma de gobernar. Por último, su aspecto físico ha sido foco de numerosas discusiones —especialmente, con la irrupción de las redes sociales en nuestras vidas—, por lo que no podemos dejar de prestar atención a la cuestión.

Sobre estos tres puntos hay debate entre los egiptólogos e historiadores, ya que desconocemos gran parte de esta información y, por tanto, prácticamente solo podemos establecer hipótesis.

La normalidad de los matrimonios entre hermanos

En primer lugar, resulta de vital importancia abordar el tema de la consanguinidad en esta época en Egipto. Ya en la Antigüedad, el matrimonio entre familiares causó fascinación; de hecho, Diodoro de Sicilia habla de que los egipcios permiten el matrimonio entre hermanos. En época ptolemaica esto se acentúa porque los reyes van a realizar, de forma más habitual que otros monarcas anteriores, el matrimonio entre familiares, en concreto entre hermanos, entre otros motivos por una cuestión religiosa: ellos pretendían imitar las parejas divinas de dioses como Zeus y Hera, u Osiris e Isis, que eran hermanos en sus mitologías.

Según Sheila Ager, es posible que esta tradición, que se inicia con Ptolomeo II y Arsínoe II, naciese con el objetivo de imitar a los reyes egipcios, debido a que esta idea de que los egipcios se casaban entre hermanos ya estaba presente en el pensamiento griego. Los Ptolomeos quisieron adaptarse desde el principio a las tradiciones egipcias y convivir con estas. Por tanto, para la dinastía ptolemaica el matrimonio entre hermanos no solo era una cuestión política, sino también religiosa y propagandística.

Sin embargo, antes de profundizar sobre el fenómeno en época ptolemaica, resulta interesante dar unas pinceladas sobre qué es la consanguinidad. La consanguinidad se define en la RAE como «el parentesco de dos o más individuos que tienen un antepasado común próximo», de manera que un matrimonio consanguíneo es la unión entre personas que descienden de un mismo antepasado, es decir, entre individuos que comparten una genética. Sin embargo, el grupo social es el que establece cuáles son los límites de la consanguinidad, por lo que en algunas ocasiones esta, al definirla la propia cultura, puede concretarse de otra forma en el contexto histórico y cultural, y, por tanto, no estar íntimamente relacionada con la unión de sangre.

Debemos considerar, asimismo, el concepto de *incesto*, que está determinado también por la propia cultura, por lo que es el propio grupo social a través de sus normas el que define qué es una relación incestuosa. El término *incesto*, en español, viene del latín *incestum*, que significa «impuro». No obstante, tal como apunta Sheila Ager, el concepto de *incesto* existe en otras culturas. Pese a que nuestra idea del incesto está influenciada por el pensamiento romano, es universal, aunque tenga distintas implicaciones dependiendo de la cultura en cuestión. Por ejemplo, mientras que en algunas culturas el matrimonio entre primos hermanos o entre tíos y sobrinas puede ser socialmente aceptado, en otras no está bien visto, o incluso está prohibido.

De hecho, estos matrimonios consanguíneos sucedieron en otras culturas antiguas del Mediterráneo, como la griega. Según las leyes atenienses, los hermanos podían casarse si eran de madres diferentes, y los tíos con las sobrinas, también. Por el contrario, en Esparta sucedía lo opuesto: podían casarse si eran de diferente padre, aunque la madre fuese la misma. Sin embargo, en Macedonia y en Grecia el matrimonio entre hermanos de los mismos progenitores no estaba bien visto.

Sheila Ager sostiene que debemos ser cautelosos cuando hablamos de que el incesto es un tabú universal, ya que *tabú* significa, aparte de «prohibido», «apartado o consagrado a un uso o propósito especial, restringido al uso de un dios, un rey, sacerdotes o jefes, mientras que está prohibido en general». Además, el tabú está asociado al caos y al desorden social, algo que no sucede en el caso del incesto dentro de la realeza. En este sentido, los reyes ptolemaicos no rompieron un tabú al casarse con sus hermanas, sino que traspasaron un límite que las personas en Egipto no solían cruzar, por lo que estaban haciendo algo extraordinario, al asimilarse con determinados dioses, demostrando el alcance de su poder. Al mismo tiempo, la monarquía egipcia, tal como apunta Ager, es una institución que se sitúa entre lo divino y lo humano, por lo que al cometer incesto la monarquía está mostrando su capacidad de crear y generar orden. Por estos motivos, el incesto, en la realeza egipcia y en esta dinastía en concreto, no respondería tanto al objetivo de mantener una línea dinástica «pura», sino al objetivo de mostrar su poder.

En el antiguo Egipto, la práctica de los matrimonios consanguíneos entre hermanos y medio hermanos dentro de la monarquía data del Reino Nuevo y de la época ptolemaica, por lo que no fue una práctica extendida a lo largo de toda la historia egipcia, sino que se desarrolló en momentos puntuales.

Según el estudio de Robinson, el mayor número de matrimonios consanguíneos fuera de la monarquía lo encontramos, en primer lugar, en el Egipto romano, en segundo lugar, en el Reino Nuevo, y, finalmente, en época ptolemaica. Tenemos, sobre todo, pruebas de ello en el Egipto romano gracias a los censos, donde hallamos unos cien casos de matrimonios entre hermanos, medio hermanos y primos hermanos. En época romana, los hombres y las mujeres debían estar censados y debido a esta obligación nos han llegado un mayor número de casos por la necesidad de Roma de recabar esta información. En el antiguo Egipto sabemos que se realizaron censos, pero desconocemos qué periodicidad tuvieron.

Previamente, durante el Reino Nuevo, sabemos que varios reyes de la dinastía XVIII se casaron con sus hermanas, como por ejemplo Tutmosis II, Amenhotep II y Tutmosis IV. También tenemos el caso de Ramsés II, que probablemente se casó con tres de sus hijas, aunque, de ser así, fueron matrimonios con el objetivo de cumplir labores rituales y no parece que implicaran relaciones sexuales. Según Joyce Tyldesley, en el pensamiento antiguo esta práctica aseguraba que la reina estuviese bien educada y que fuese leal al rey y a su descendencia. No obstante, hay un debate dentro de la egiptología sobre si estos matrimonios entre padres e hijas eran simbólicos o si, por el contrario, fueron llevados a la práctica con todo lo que un matrimonio conllevaba en el antiguo Egipto.

Posteriormente, en época ptolemaica, hubo reyes que se casaron con sus hermanas o medio hermanas, como

Cleopatra VII, que se casó con dos de sus hermanos menores. En el caso de algunos de estos reyes y reinas es difícil conocer quiénes fueron sus progenitores y, por tanto, determinar con total seguridad si eran hijos de hermanos.

La tradición del matrimonio entre hermanos en la dinastía ptolemaica se inicia con Ptolomeo II y Arsínoe II, y, además, con estos dos reyes se empieza a mostrar a la realeza rodeada de exceso, poder y lujo. En este sentido, estos matrimonios no eran uniones vergonzosas que se debían ocultar, sino un elemento que formaba parte de una estrategia propagandística desde su inicio. No obstante, el heredero de Egipto, Ptolomeo III, no fue hijo de esta pareja de hermanos, sino de Ptolomeo II con otra mujer. Además, pese a que su padre se casase con su hermana, Ptolomeo III se casa con Berenice II que, aunque es familiar, es prima segunda del monarca.

Hasta Ptolomeo IV no se repite este matrimonio entre hermanos y es Ptolomeo V el primer hijo de dos hermanos. Ptolomeo IV gozó de una vida extramatrimonial, pero tuvo, únicamente, un hijo con su hermana. Posteriormente, Ptolomeo V se casa con su prima tercera, Cleopatra I, por lo que no reproduce el incesto de sus padres durante su reinado. Los hijos de estos sí que se casaron entre hermanos, en concreto Ptolomeo VI y Cleopatra II, que tienen cuatro hijos; una de sus hijas, Cleopatra III, se casó con su tío, Ptolomeo VIII, con el que tuvo varios hijos. Sus hijos (Cleopatra Selene, Cleopatra IV, Ptolomeo IX, Cleopatra Trifenia y Ptolomeo X) se van a casar entre ellos y algunos van a tener descendencia.

ASCENDENCIA, CONSANGUINEIDAD Y COLOR DE PIEL

Posteriormente, hay discrepancias en cuanto a la genealogía y la proximidad de algunos de los matrimonios. Por ejemplo, Ptolomeo XII se casa con su hermana Cleopatra V, y no sabemos con total seguridad si todos los hijos de este rey fueron fruto de su unión con su hermana o con otra mujer. Parece ser que Cleopatra VI era hija de Ptolomeo IX, pero desconocemos si ella y Ptolomeo XII compartían solo uno o los dos progenitores. Muchos historiadores consideran que todos los hijos de Ptolomeo XII fueron con Cleopatra VI, debido a la falta de pruebas que nos indiquen lo contrario. Otros estudiosos, por el contrario, consideran que no todos los hijos de este rey fueron con ella.

Según Pomeroy, estos matrimonios entre hermanos en la dinastía ptolemaica lo que consiguieron fue asegurar la posición de las mujeres dentro de la monarquía y, por tanto, que las hermanas y esposas de estos reyes pudiesen ejercer el poder, por lo que de esta forma se garantizó que estas compartiesen el gobierno con sus hermanos. Como bien explica Sarah Pomeroy, si estas mujeres se casaban con hombres que vivían fuera de Egipto, al morir ellos se quedaban desamparadas en un territorio hostil. Por tanto, aquellas que se casaron con sus hermanos, que fueron reyes, vivieron una situación muchísimo más favorable que les permitió asentar su poder. Como ya hemos podido observar en el capítulo anterior, las reinas de esta dinastía gozaron de una autoridad notable durante su reinado.

Además, el matrimonio entre hermanos favorecía que toda la propiedad se quedase dentro de la familia y, de

97

esta forma, se evitaba una disgregación de los territorios y del poder.

Debemos tener presente que las posibilidades de utilizar los matrimonios como una medida diplomática para establecer alianzas con otros países se vieron reducidas en este contexto histórico. El único gran rival de Egipto durante la mayor parte de este periodo fue el Imperio seléucida, y, aunque sí que hubo algunos casos de alianzas matrimoniales, parece que fue una estrategia más bien puntual, como es, por ejemplo, el caso de Cleopatra I. Por tanto, este aislamiento político, al no establecer muchos matrimonios con personas ajenas a la dinastía, ayudó a salvaguardar el poder dentro de Egipto y evitar conflictos internacionales.

Los matrimonios consanguíneos quizá dieron lugar a problemas de salud, como por ejemplo la infertilidad y el aumento de la mortalidad. Cuando dos personas de progenitores distintos se reproducen, se mezclan sus alelos y hay más probabilidades de que prevalezcan los mejores genes; sin embargo, cuando dos hermanos tienen descendencia, estas probabilidades de que se hereden los mejores genes decaen, por lo que aumentan las posibilidades de que los alelos recesivos prevalezcan, porque se comparte una mayor parte de material genético. No obstante, como bien dice Sheila Ager: «Las combinaciones de material genético son aleatorias, no se determinan por un programa de castigo mandado genéticamente (o divinamente) contra quienes delinquen contra el tabú». Por estos motivos, aunque aumenten las posibilidades de que la descendencia no herede la mejor carga genética, no es lo que sucede en todos los casos.

Por tanto, en el caso de la dinastía ptolemaica era más probable que prevaleciesen genes que desencadenasen problemas de salud, pero no es algo que fuera a suceder de forma obligatoria, ya que no en todos los casos de incesto suceden estas enfermedades. Además, los Ptolomeos no se casaron únicamente entre hermanos, como ya hemos visto. Ejemplo de ello es que no parece que hubiese un descenso de la fertilidad en la dinastía, como observamos en Cleopatra II. Además, los propios médicos egipcios realizaron tratamientos para las afecciones que padecerían los descendientes, aunque se ha teorizado que quizá los egipcios no consideraban estas enfermedades como el resultado del matrimonio entre familiares, entre otros motivos porque para ellos estas uniones entre hermanos de la realeza no eran algo que fuese perseguido ni castigado.

La madre de Cleopatra VII

Una vez que hemos entendido la complejidad de los matrimonios intrafamiliares de la realeza en época ptolemaica, resulta de vital importancia tratar la cuestión de quién fue la madre de Cleopatra VII. No cabe ninguna duda de que la última reina de Egipto era hija legítima de Ptolomeo XII, pero las fuentes no nos dejan claro quién fue su madre y tampoco conocemos quién fue su abuela paterna. Algunos autores apoyan la idea de que era hija de Cleopatra VI, sin embargo, otros consideran que no fue ella, dado que esta reina desaparece en torno al 69 a. C. y reaparece cuando gobierna Berenice IV.

Por un lado, aquellos que apoyan que su madre era Cleopatra VI sostienen que el momento en que desaparece esta reina coincide con el año de nacimiento de Cleopatra VII. Debido a la falta de pruebas que indiquen que otra fuera su madre, algunos historiadores consideran que lo lógico es que la última reina fuese hija de Ptolomeo XII y Cleopatra VI. Sin embargo, también es cierto que Cleopatra VI se ausenta en las fuentes y solo reaparece cuando Ptolomeo XII se exilia y gobierna la hija de ambos.

Sin embargo, hay otros investigadores que apuntan en otra dirección: que fuese hija de otra esposa del rey. De hecho, ya en la Antigüedad, Estrabón nos dice que la única hija legítima de Ptolomeo XII es Berenice IV, por lo que podría indicar que el resto de sus hijos no fuesen de Cleopatra VI, dado que desde el punto de vista grecolatino no solo sería legítima la descendencia de la reina egipcia. Además, aunque sabemos que Cleopatra VII nació en el 70-69 a. C., no se registra su nacimiento en ningún lado.

Wener Huss ha planteado que esta reina era hija de Ptolomeo XII y de una mujer egipcia, dado que hay antecedentes en la dinastía de relaciones entre reyes con mujeres que no provienen de la realeza. Además, la relación especial que muestra Cleopatra VII con Egipto podría ser una prueba de que su madre fuera de origen egipcio. La madre de la reina podría haber sido de una familia de sacerdotes menfita, lo cual no nos debería extrañar dada la estrecha relación de los Ptolomeos con los sacerdotes de Menfis desde el inicio de su gobierno. Esta idea se ve apoyada por el hecho de que Ptolomeo XII estableció una fuerte relación con el sumo sacerdote de Ptah en Menfis y profeta del faraón, Psenptah III, por lo que pudo resultar en un matrimonio diplomático para estrechar la relación entre el rey y los sacerdotes egipcios. Este alto cargo murió durante el reinado de Cleopatra VII y decidió enterrarse en Alejandría, lo cual nos muestra la estrecha vinculación entre el sacerdote menfita y la corte ptolemaica.

Por su parte, Günther Hölbl ha propuesto que quizá Cleopatra Selene, la esposa de Ptolomeo IX, fuera llamada Cleopatra V, y que la hermana de Ptolomeo XII se convertiría en Cleopatra VI, por lo que la única hija de Cleopatra V con Ptolomeo XII fue Cleopatra Berenice IV. Según esta teoría, los demás hijos de Ptolomeo XII serían de él con una mujer egipcia.

Joyce Tyldesley sugiere que la madre de Cleopatra VII, en caso de no ser Cleopatra VI, pudo ser una mujer de clase alta egipcia o griega. En cualquier caso, como bien apunta esta autora, demostrar que su madre era griega o egipcia no resuelve la cuestión cultural, ya que, como hemos podido analizar en el capítulo anterior, en el Egipto ptolemaico declararse griego o egipcio era una cuestión identitaria y no vinculada a un aspecto físico determinado en el momento en que gobierna la última reina de Egipto.

La infancia de la reina

En cuanto a la infancia y adolescencia de Cleopatra, no poseemos mucha información hasta su llegada al poder, ya que las fuentes antiguas no nos dan muchos datos sobre el tema, pero podemos dilucidar cómo debió de ser de acuerdo con la educación que la dinastía ofrecía a sus descendientes.

Los reyes y las reinas lágidas recibieron su educación en el Museo de Alejandría, por lo que muy probablemente la futura reina de Egipto pasó sus primeros años en el palacio alejandrino, donde participaría en la vida política, ya que las reinas ptolemaicas adquirían la misma formación que sus hermanos. En este sentido, recibían la mejor educación de la época, con investigadores y especialistas de diferentes ámbitos del conocimiento. Además, el director del museo era el tutor académico de los descendientes de los reyes.

La lengua que les enseñaban en esta institución era el griego, ya que el enfoque del museo era helenocéntrico, por lo que favoreció que los reyes de esta dinastía no se interesasen en conocer la lengua egipcia hasta Cleopatra VII, por lo que los reyes necesitaban intérpretes para poder comunicarse o que los egipcios supiesen griego. No debemos entender la falta de interés por aprender egipcio

ASCENDENCIA, CONSANGUINEIDAD Y COLOR DE PIEL

como un desprecio de los lágidas hacia la población egipcia, dado que en la Antigüedad no estaba tan extendida la importancia de aprender idiomas como hoy en día. Esto no debió de ser un problema, ya que en este periodo el griego era la lengua administrativa oficial, por lo que aquellos que se dedicaban a la gestión de la administración debían conocer el griego, además del demótico. Es decir, en aquel momento se estaba generando una sociedad bilingüe grecoegipcia.

Sin embargo, los escritores romanos nos dicen que esta reina conocía siete idiomas, de los cuales nos habla Plutarco, entre ellos el egipcio, el griego y el latín. Duane Roller sostiene que Plutarco hace referencia a la buena oratoria de la reina y, por tanto, a su capacidad diplomática. Sin embargo, como bien apunta Marina Escolano-Poveda, lo más probable es que solo supiese hablar egipcio y no leyera jeroglíficos, y, en caso de conocer alguna grafía egipcia, esta debió de ser la demótica.

Los hijos de los reyes lágidas aprendieron a leer y escribir, fuesen hombres o mujeres, y, en el museo, la familia real tenía a su alcance la mayor biblioteca de la época, que llegó a tener casi medio millón de libros, la cual albergaba todo el conocimiento científico y todas las obras literarias, así como a las personas mejor formadas del momento, con las que podían debatir y seguir aprendiendo. También recibían formación en deporte: la educación gimnástica formaba parte de la *paideia* griega. Como ya hemos comentado, en el Egipto ptolemaico se construyeron y se utilizaron gimnasios a lo largo de todo el valle del Nilo, al igual que se crean escuelas. Por tanto, la educación de estilo griego no se va a impartir únicamente en Alejandría. Para los griegos, la educación física se relacionaba con la salud, la higiene, la ética y la estética.

La educación ocupó un lugar muy relevante en el desarrollo personal de los príncipes y las princesas de la dinastía ptolemaica, y en el curso de la política del país. Aquellos que se relacionaban con ellos antes de ser reyes podrían verse favorecidos posteriormente. Eran acompañados por jóvenes de la corte, de los cuales se esperaba que fuesen después amigos y aliados a lo largo de la vida de estos reyes y reinas. Por ese motivo se ha planteado que Ira y Carmión, las dos mujeres que se suicidan con Cleopatra VII, fuesen mujeres de la corte y amigas de la infancia de la reina.

La alfabetización no aparece en Egipto por primera vez con la llegada de los Ptolomeos, ya que en el país del Nilo las personas de clase alta aprendían a leer y escribir, por lo que eran iniciados como escribas y, después, se especializaban en algún área del conocimiento. Tan solo el 1 por ciento de la población egipcia recibía esta formación.

Esta formación se impartía en lo que conocemos como casas de la vida o casas de instrucción. Desconocemos dónde se ubicaban estas escuelas, aunque se ha planteado que estuviesen ligadas a los templos y que las clases fuesen en el exterior. Sabemos de la existencia de algunas de estas escuelas en Deir el-Medina, cerca del Ramesseum y en los alrededores del templo de Mut, en Karnak. La educación se iniciaba cuando los niños tenían cuatro o cinco años, y se les instruía en leer, escribir, matemáticas y geometría. Este conocimiento no estaba limitado a los hombres, sino que también muchas mujeres de clase social media y alta se alfabetizaron, aunque no todas ellas se profesionalizaron posteriormente.

En cuanto a la educación femenina griega, debemos tener presente que muchas mujeres eran educadas, aunque no se las iniciase en la escritura. Sin embargo, sí que hubo mujeres que aprendieron a leer y escribir, pese a que en época clásica esta práctica no estuvo muy desarrollada entre ellas. En cuanto al gimnasio, la educación que recibían las mujeres era en torno a la administración del hogar, ya que ellas no debían prestar servicio militar. No obstante, en Esparta las mujeres sí que recibieron formación física: la mujer espartiata era educada intelectual y físicamente para que cuando se quedase embarazada pudiese dar a luz a ciudadanos fuertes y, además, para que el parto fuese menos doloroso.

En el antiguo Egipto conocemos muchas mujeres de clase alta que sabían leer y escribir, no tanto para convertirse en escribas y participar en la administración del Estado egipcio, sino con el objetivo de adquirir esos conocimientos para su día a día. De hecho, en tumbas del Reino Nuevo se las muestra con la paleta de escriba debajo de su silla. Además, nos han llegado algunas de sus cartas. No obstante, sí que hubo mujeres que se integraron en la administración del Estado o que acabaron siendo sacerdotisas, aunque lo más habitual es que las mujeres de clase alta se dedicasen a la administración de sus propiedades como señoras de la casa.

Como correspondía a su condición, Cleopatra VII recibió la mejor formación en el centro más prestigioso de conocimiento de la época. No nos debe extrañar que, cuando los escritores romanos hablan de ella, señalen la inteligencia de la reina. Pese a que sí que debió de ser inteligente por naturaleza, no debemos obviar el hecho de que ella recibió la mejor educación del momento. Parece que el tutor de Cleopatra VII fue Filóstrato, de quien pudo haber aprendido filosofía, retórica y oratoria. Por otro lado, seguramente acompañó a su padre hasta Atenas y, posteriormente, a Roma, donde también debió de enriquecerse de sus contactos diplomáticos y políticos, y del ambiente intelectual. Sin embargo, no tenemos pruebas contundentes que sitúen a Cleopatra en Atenas y en Roma durante el mandato de su padre.

Además, en torno a su formación ha llegado hasta nuestros días el mito de que ella era una erudita con amplios conocimientos en filosofía, alquimia, matemáticas, medicina, etcétera. En lo que respecta a sus conocimientos sobre alquimia, hay dos obras que le atribuyen conocimientos en esta materia, en concreto en la producción de oro y de la piedra filosofal. No obstante, debemos tomarlos como una atribución posterior, ya que se menciona a una Cleopatra que no era necesariamente nuestra reina, ya que su nombre era habitual en esta época.

Según Joyce Tyldesley, no tenemos ninguna prueba que demuestre que ella fuese autora de diferentes obras, pese a que su formación se vio enriquecida en el museo. Por su parte, Duane Roller comenta que, aunque la idea de que Cleopatra pudo escribir sus propias obras no está demostrada, sí que es cierto que los reyes helenísticos destacaron por escribir sus propios libros, como es el caso de Ptolomeo IV. A Cleopatra VII se le han atribuido algunos fragmentos de una obra llamada *Cosmética*, que es un tratado sobre medicina y farmacología, donde se incluyen una serie de curas.

Sin embargo, como bien apunta Marina Escolano-Poveda, esta imagen romántica y medieval que considera a Cleopatra como una mujer de ciencia, una gobernante capacitada y una reina que organizó construcciones, recoge una tradición donde se la dibuja como una persona con intereses científicos. Por tanto, aunque no fuese así en la realidad, nos da una perspectiva positiva en contraposición al relato romano sobre ella.

En resumen, la futura reina de Egipto recibió una formación digna de una reina ptolemaica y, además, aprendió a moverse en el ambiente político de la época. Resulta muy importante comprender que cuando ella llega al poder ha aprendido posiblemente de su padre cómo moverse en diferentes conflictos. Cleopatra VII no surge de la nada en el año 51 a. C., sino que durante sus primeros dieciocho años tuvo la oportunidad de desarrollarse en la corte. Aunque los autores clásicos no nos den mucha información sobre su infancia y adolescencia, es fácil imaginar su contexto al estudiar el gobierno de su padre y la situación de Alejandría, así como la acogida que tuvo al llegar ella al poder y la información que nos proporcionan los autores grecolatinos, pese a que en diferentes ocasiones puedan exagerar algunos datos o características sobre ella.

Entonces, ¿Cleopatra era negra?

Por último, resulta pertinente establecer cuál es el debate sobre el color de piel de Cleopatra VII. Como ya hemos podido observar, el Egipto ptolemaico era multiétnico.

En primer lugar, el concepto de *raza* es cultural, por lo que somos nosotros, desde el presente, influidos por el colonialismo del siglo XIX, quienes proyectamos en el pasado ciertas ideas sobre este concepto. La influencia del colonialismo a la hora de opinar sobre el color de piel de la reina afecta tanto a los que sostienen que fue blanca como a los que piensan que fue negra. Desde un punto de vista eurocéntrico, se ha querido considerar que era blanca por su ascendencia macedonia. Por otro lado, desde el afrocentrismo, por una cuestión identitaria afroamericana, se la ha querido imaginar negra, apoyándose en el hecho de que desconocemos quién fue su madre.

África es un continente muy variado en lo que a fenotipos se refiere, ya que no es lo mismo pensar en un africano mediterráneo que en un keniata o sudafricano. Cualquier persona que haya estado en contacto con el arte egipcio o que haya visitado el propio Egipto se dará cuenta de la diferencia y variedad dentro del propio país en la actualidad. Al igual que hoy en día, en el Egipto ptolemaico existía una gran variedad racial. Por tanto, debemos dejar en el presente estas ideas contemporáneas sobre la raza, porque sobre ella se proyectan percepciones culturales que no tuvieron por qué tener la misma consideración en la Antigüedad. Asimismo, de haber sido su madre egipcia con unas características físicas que nosotros definiríamos como tales, podría haber sido más parecida a una egipcia actual que a una persona subsahariana.

Sin embargo, actualmente muchas personas consideran que Cleopatra no podría haber tenido un tono de piel que no fuese el blanco, dado que los romanos no la hubiesen considerado bella: esta idea es una opinión que carece de base científica, porque el concepto de *raza* y el de *belleza* asociado a la raza en este contexto histórico es distinto al que podemos tener actualmente. Sobre su belleza volveremos a hablar más adelante.

En muchos casos, la etnicidad no depende de un tono de piel en concreto: en el Egipto ptolemaico una persona que se consideraba griega podía tener un aspecto que nosotros consideraríamos egipcio y viceversa. El Egipto ptolemaico fue un país donde una persona con un aspecto que nosotros consideraríamos egipcio podía tener una identidad griega y, al mismo tiempo, una persona que a nuestro parecer podía tener características griegas podía poseer una identidad egipcia y viceversa. Al mismo tiempo, muchas personas que aparecen en las fuentes como griegas también se consideraban egipcias, por lo que podían no ser únicamente griegas o egipcias; es lo que conocemos como una doble identidad cultural. Como bien apunta Joyce Tyldesley, el color de piel en el Egipto helenístico no era una marca de identidad, ya que este aspecto físico era irrelevante en relación con la identidad individual.

Como señala Sally-Ann Ashton, Cleopatra VII se mostró como una reina egipcia, aunque poseía ascendencia macedonia y fue la última reina de una dinastía que duró casi trescientos años. Durante este periodo, para los lágidas fue importante su ascendencia griega, pero también su relación con la tradición egipcia, por lo que no debemos olvidar la mezcla cultural y social de este momento histórico. Pese a que existe la creencia de que los Ptolomeos solo se casaron y tuvieron descendencia entre hermanos, hoy en día conocemos que esto no fue así.

Una prueba de la integración de Cleopatra VII con las tradiciones egipcias es la gran cantidad de iconografía de la reina en la que esta se mostraba al estilo egipcio como sus predecesores. Observamos a la reina en templos egipcios como el de Dendera o Hermontis. También fue representada con una iconografía helenística, como sucede en algunas monedas.

En cuanto a las representaciones al estilo helenístico o romano de Cleopatra, debemos ser cautelosos al considerarlas una fuente fiable de cómo era el rostro de la reina. En primer lugar, el retrato que hoy se conserva en Berlín se encontró al sur de Roma en el siglo XIX y fue adquirido por el Museo de Berlín en 1976. Se ha especulado que este retrato se realizó cuando ella estuvo viviendo en Roma, de ahí el estilo romano de la representación.

Por otro lado, las monedas acuñadas durante su reinado que incluyen el rostro de Cleopatra VII no son siempre iguales. Ejemplo de ello es que la representación de su nariz va cambiando en las diferentes monedas que circularon a lo largo de su gobierno. De hecho, en las que se la representa con Marco Antonio tampoco se mantiene una imagen unitaria, si bien en las últimas que se acuñan se los representa muy parecidos.

Asimismo, muchos de los retratos que se toman como ejemplo para imaginar a la reina egipcia se realizaron en Roma mucho después de su muerte y quienes los hicieron no la conocieron en persona, como sucede con el fresco de Pompeya donde se la representa pelirroja.

El debate sobre cuál era el color de piel de Cleopatra no podrá ser resuelto a través de su iconografía. Ya que no hay una única forma de representar a la reina, tampoco podemos conocer con total seguridad cómo era su rostro.

Esta duda sobre la cuestión racial de la reina solo podría ser resuelta si los restos de su cuerpo apareciesen y se pudiese realizar una prueba de ADN. En este sentido, tampoco sabemos con absoluta seguridad quiénes fueron su madre y su abuela paterna —ya se ha abordado esta cuestión en páginas anteriores—, por lo que desconocemos parte de su ascendencia. Sin embargo, lo más probable, tal como apunta Joyce Tyldesley, es que Cleopatra tuviese el cabello oscuro y la piel oliva o morena clara.

4

Dioses, toros y reyes

La religión en el Egipto de Cleopatra

La religión egipcia

En el antiguo Egipto, la religión fue esencial dentro de la vida cotidiana no solo como una forma de dar sentido al día a día, sino también porque gracias a ella se justificaba la figura del faraón, y, por ende, toda la estructura política y social.

La religión era politeísta. Los dioses podían representarse de forma humana, animal o híbrida, es decir, con cuerpo humano y cabeza animal. Estos dioses se identificaban con animales, porque habitualmente estos poseían alguna característica en su naturaleza que los conectaba con lo divino. Por ese motivo los dioses podían representarse como un animal o como varios, y el mismo animal podía simbolizar a distintos dioses. Ellos veían en el mundo aspectos de la divinidad.

Por ejemplo, se cree que el dios chacal Anubis, el dios que realiza la momificación y que ayuda en el paso al más allá a los difuntos, se vinculaba con el chacal porque los chacales podían estar en la necrópolis e incluso entrar en contacto con los difuntos. Otro ejemplo es el dios de la escritura, Thot, que se relacionaba con el ibis y con el babuino, porque el ibis hacía un movimiento con el pico en el agua parecido a los movimientos realizados al escribir y el babuino efectuaba una serie de gestos al amanecer que llevaron a los egipcios a considerar que este animal estaba rindiendo culto al sol.

Como se ha indicado ya, el mismo animal podía representar a varias divinidades: tal es el caso del halcón, con el que se identificaban tanto Ra como Horus; o de la vaca, que se relacionaba con distintas divinidades femeninas, como Nut y Hathor. Con el gato se identificaban la diosa Bastet y el dios Ra (vale la pena mencionar que, al contrario de lo que mucha gente piensa, los egipcios no adoraban a todos los gatos; los únicos gatos sagrados eran los de los templos).

Esto no quiere decir que los egipcios adorasen a todos los animales como encarnación de la divinidad en la tierra. Con todo, sí existían animales concretos considerados sagrados porque poseían unas características concretas. Tal es el caso del toro Apis, al que se rendía culto en el templo de Menfis. Sobre el toro Apis hablaremos en mayor profundidad posteriormente.

La religión egipcia era compleja y, además, en el país convivían diferentes tradiciones religiosas. A lo largo del Nilo, cada provincia y cada templo tenía su mito de la creación, donde su dios era el creador del cosmos. Para ellos, las diferentes tradiciones no eran incompatibles, sino que convivían y se respetaban. Sin embargo, una provincia podía hacer populares sus mitos cuando crecía su importancia política; tal fue el caso de Tebas en el Reino Nuevo, cuando Amón se impuso sobre todos los demás dioses, o del mito de la creación de Heliópolis, que situaba a Ra como el dios creador.

En el I milenio a. C., el mito de creación más importante fue el de Heliópolis. Según este, Ra-Atum inició la creación desde lo que conocemos como la Colina Primordial. Para ello, creó a varios dioses, entre ellos a Osiris, Isis, Neftis y Seth. El culto a Isis y a Osiris va a ser muy importante en época ptolemaica, de hecho, en Grecia ya conocemos la existencia de culto a la diosa Isis antes de Alejandro. Además, las reinas ptolemaicas se identificaron con Isis y los reyes lágidas con Serapis, marido de la diosa. Por tanto, la triada compuesta por Isis, Osiris o Serapis y Horus va a ser muy relevante en época de Cleopatra.

En cuanto a los sacerdotes y las sacerdotisas, estos seguían manteniendo su actividad en época ptolemaica y los Ptolomeos van a financiar múltiples templos a lo largo de Egipto, sobre todo en el siglo III a. C.

En torno al reinado de Cleopatra VII destacó la financiación del templo de Dendera, aunque desconocemos la fecha exacta en que se inició su construcción, esta se realizó durante el siglo I a. C. Este templo, dedicado a la diosa Hathor, es uno de los mejor conservados hoy en día en Egipto. Antes de la llegada de los lágidas a Egipto, parece ser que ya existía un culto a esta diosa allí; sin embargo, son ellos los que financian la construcción de un templo de dimensiones colosales.

Dentro del templo destacan los techos astronómicos, la representación del Zodiaco, las criptas y su azotea. Pese a que sus cartuchos, donde debía ir inscrito el nombre del rey, permanecen vacíos, en la parte trasera del templo hay un relieve de grandes dimensiones donde se representa a Cleopatra con su hijo, Cesarión. En el relieve podemos ver cómo madre e hijo realizan ofrendas a diferentes divinidades, con una estética tradicional egipcia —es decir, se muestran como reyes egipcios, no griegos—, mientras llevan a cabo el culto. Este relieve se trata quizá de una de las representaciones más relevantes de la reina en su época, y nos aporta información sobre la aceptación de Cleopatra entre la élite egipcia, plasmada en la financiación de esta decoración del templo.

Los Ptolomeos siguieron la tradición de costear la construcción de numerosos templos a lo largo del valle del Nilo, especialmente al sur. Por ese motivo se construyen grandes templos en este periodo, como son el ya mencionado de Dendera, el de Filé o el de Edfu. Al sur de Egipto, en época ptolemaica, especialmente en Tebas, se organizaron revueltas en contra del gobierno, por lo que este tipo de construcciones era una forma de mantener contenta a la élite local y asegurarse la paz. Por otro lado, desde el punto de vista religioso, erigir templos en el sur, en una zona de frontera con Nubia, aseguraba la protección mágica del país en contra de incursiones y posibles invasiones desde allí. Cleopatra continuará esta estrategia política y religiosa.

Por todo ello, y como veremos a continuación, no debemos imaginar a los reyes ptolemaicos aislados en Alejandría sin conocer qué es lo que sucedía en el resto del país del Nilo. Los Ptolomeos tuvieron relación con la élite sacerdotal egipcia y participaron en sus rituales. Pese a que los autores grecolatinos dicen que Cleopatra fue la única que sabía hablar egipcio, esto no quiere decir que los monarcas anteriores no se relacionasen con la sociedad egipcia y su cultura, ya que en este momento una gran parte de la población egipcia sabía hablar griego.

La religión nos da muchas pruebas sobre la relación de estos reyes con las tradiciones egipcias y su función como monarcas del antiguo Egipto, un papel que desempeñó por última vez nuestra reina.

La función religiosa del rey egipcio

Más de dos mil años antes de la llegada de Cleopatra al trono, el rey ya cumplía una función política y religiosa. Los reyes no solo eran los encargados de administrar el país y de lidiar con los gobernadores locales, también conocidos como nomarcas, sino que cumplían una labor religiosa.

Para los egipcios, el rey era un intermediario entre los dioses y los humanos, que, además, se identificaba con el dios Horus en el momento de gobernar. Según la mitología egipcia, los dioses habían gobernado en algún momento histórico la tierra, pero Horus había sido el último dios-rey, por lo que, al retirarse, todos los reyes encarnaban la figura del dios. De ahí que los reyes tuviesen un nombre de Horus que los vinculaba con el dios o un nombre de «hijo de Ra» que los mostraba como descendientes de este dios.

Al mismo tiempo, los egipcios no concebían un masculino sin un femenino, por lo que Horus no gobernaba en solitario, sino que necesitaba de una reina, que se identificaba con una diosa egipcia, que, dependiendo del periodo histórico, va a cambiar, si bien generalmente será Hathor o Mut. Sin embargo, durante el gobierno de los Ptolomeos, los reyes se van a identificar con Osiris o Serapis e Isis, por lo que van a dar un mayor protagonismo a estos dos dioses, aunque sabemos que Horus seguía jugando un papel muy importante. Este cambio en la identificación no es incompatible, porque lo que están propiciando en este momento es que la pareja reinante sea Osiris o Serapis e Isis, mientras que el heredero al trono es Horus, por lo que se mantiene la estructura egipcia tradicional. Además, las reinas ptolemaicas se identificaron también como Horus femenina, como contraparte directa del Horus masculino.

El rey era el encargado de mantener el orden dentro de Egipto y someter a los enemigos del país, es decir, era el encargado de mantener la *maat*. La *maat* era un concepto que encarnaba el orden, la verdad y la justicia. Surgió, en la mitología egipcia, en el momento de la creación del universo y los dioses se alimentaban de ella. El monarca mantenía este orden si hacía bien la guerra, si sometía a sus enemigos y si realizaba el culto a los dioses. En los relieves de los templos, solemos observar cómo los reyes realizan ofrendas a los dioses, mostrándose como intermediarios de ambos mundos, al mismo tiempo que los mantienen con vida. Los egipcios ofrecían todo tipo de objetos a los dioses y a los difuntos como una forma de mantenerlos con vida. Estas ofrendas podían ser alimentos, bebidas u otro tipo de objetos. En época ptolemaica, los reyes van a seguir ofreciendo alimento a los dioses y rindiéndoles culto, por lo que esta dinastía va a continuar con esta actividad religiosa en los templos, además de garantizar el orden en las fronteras en cumplimiento de la *maat*.

Una de las innovaciones de época ptolemaica es que las reinas van a acompañar al rey en sus ofrendas, relacionándose con los dioses. Esto es algo inusual en otros periodos, solo lo encontramos antes en la época de Amarna, si bien durante el reinado de Cleopatra es habitual que el rey aparezca acompañado de la reina relacionándose con los dioses. De esta forma se establecen una nueva jerarquía y relación con la divinidad, que permiten a la reina ptolemaica mostrarse como intermediaria entre lo divino y lo humano en compañía del rey.

En este periodo se potencia una estructura en los templos que, aunque había aparecido anteriormente, ahora cobra una gran fuerza. Esta nueva estructura es lo que conocemos como *mammisi* o casa de nacimiento divino.

En el *mammisi*, la decoración estaba centrada en el nacimiento divino de Horus, el papel protector de Isis, y
Hathor como gran diosa madre. En estas estructuras se
legitimaba el poder de los Ptolomeos, porque aquí se representaba a las reinas ptolemaicas como madres divinas
del heredero al trono, por lo que Horus representaba el
príncipe heredero e Isis a la madre del rey. Esta estructura
va a cobrar una gran importancia para la legitimación
política de Cesarión en el sur de Egipto.

La reina egipcia ptolemaica va a poseer un gran protagonismo en los templos egipcios del momento, un papel
que no habían desarrollado reinas de otros periodos. En
este sentido, las reinas de esta dinastía no van a ser únicamente influyentes en la política, sino también en la legitimación de la monarquía y van a poseer cierto carácter
sagrado al identificarse con Isis tan estrechamente.

En cuanto a los cinco nombres sagrados de Cleopatra,
solamente tenemos atestiguados dos nombres de Horus,
su nombre de nacimiento (Cleopatra) y un epíteto. En la
documentación en griego se la llama *basilissa* (βασίλισσα),
es decir, reina. Resulta curioso observar cómo algunas
reinas ptolemaicas poseen nombres sagrados, como es el
caso de Cleopatra VII.

En el caso de Cleopatra nos han llegado dos nombres
de Horus, es decir, dos variaciones de este. El primer nombre de Horus que tenemos atestiguado de nuestra reina
fue «la grande, poseedora de perfección y espléndida del
santuario» y el segundo fue «la grande y la imagen de su
padre». Estos nombres nos hablan, entre otras cosas, de

la relación de Cleopatra con la diosa Isis al hablar de ella como «la grande», que es un epíteto asociado a esta diosa. El hecho de que conservemos dos nombres de Horus de Cleopatra podría constituir una prueba de que se consideró a esta reina como legítima gobernante de Egipto.

Además, en el templo ptolemaico de Hermontis se refieren a Cleopatra como «señor de las Dos Tierras» y se incluye este título antes de su nombre en diferentes ocasiones. Sobre esto volveremos más adelante.

Sin embargo, sí se han conservado los cinco nombres sagrados de su padre y de su hijo, aunque de Cleopatra no nos ha llegado el nombre de las Dos Señoras, ni el de Horus de Oro, sí tuvo nombre del trono. En este caso, podríamos considerar que sucede algo similar a lo que hallamos en los casos de Berenice II y Cleopatra I, las cuales solo ostentaron un nombre de Horus y un nombre de nacimiento. Antes de ellas, Arsínoe II poseyó un nombre del trono y nombre de nacimiento. En cualquier caso, aunque falten algunos nombres sagrados, estas cuatro reinas (Arsínoe II, Berenice II, Cleopatra I y Cleopatra VII) comparten una característica en común y es que las cuatro realizaron cambios que impactaron profundamente en la concepción de la reina egipcia. De hecho, aunque Berenice II, al igual que Cleopatra VII, no tenga nombre del trono, en las fuentes se la llama «la reina Berenice».

En mi opinión, debemos considerar que Cleopatra fue reina de Egipto también desde el punto de vista religioso, ya que de lo contrario no hubiese ostentado el nombre sagrado de Horus. Además, en los relieves de los templos podemos verla realizando ofrendas a los dioses, bien sea en solitario o acompañada de Cesarión. Aunque no debemos olvidar que este poder siempre lo comparte con una figura masculina, por lo que no es un Horus en solitario, al igual que le sucede a otras reinas lágidas antes de ella. Asimismo, su forma de gobierno no fue, por ejemplo, como la de Hatshepsut, ya que Cleopatra ejerció el poder en otros términos.

Asimismo, también fue muy importante la vinculación política con su padre, tal como vemos en el segundo nombre, donde se dice «la imagen de su padre». Además, ostentó el epíteto de *thea philopator* en griego, que significa «la diosa amada de su padre». Dicho epíteto no era una simple formalidad, sino que era una declaración de intenciones: a través de este título, se mostraba como heredera legítima y afín a las políticas de Ptolomeo XII, por cuanto iba a continuar desarrollando el legado de su progenitor.

Sin embargo, aunque gozó de cierta independencia y supo hacerse valer, no debemos olvidar que para los egipcios lo femenino y lo masculino eran complementarios; por ese motivo, ella siempre gobernó con un hombre al lado, bien fuera uno de sus hermanos o su hijo.

Los sacerdotes menfitas y el toro Apis

Menfis fue una ciudad muy relevante casi tres mil años antes de Cleopatra. Esta ciudad se encontraba al final del valle y al principio del delta del Nilo, por su ubicación geográfica se convirtió en un puerto muy importante para los antiguos egipcios. De hecho, cuando Alejandro se hace con Egipto, es desde Menfis desde donde se gobierna el país hasta que se traslada la capital a Alejandría durante el reinado de Ptolomeo I. Ptolomeo va a cambiar la capital por una cuestión de legitimación política, ya que se vinculaba de esta forma con Alejandro.

El culto principal en Menfis estaba dedicado al dios Ptah, que para los griegos era Hefesto, una divinidad demiúrgica y dios de los artesanos. En este contexto, a partir del Reino Antiguo, el toro Apis, como representante de Ptah, se constituye como intermediario entre el dios y los seres humanos. Cuando moría, el toro Apis se identificaba con el dios Osiris, de ahí que se lo conozca también como Osiris-Apis.

El toro Apis era, pues, un símbolo de la realeza y también una imagen osiriana. En su faceta monárquica personificaba la sucesión de diferentes reyes, cada uno de los cuales encarnaba la figura divina y el concepto de realeza.

El toro Apis encarnaba un espíritu *ba* del dios Ptah y vivía en el santuario de Menfis hasta su muerte. Una vez moría se convertía en una imagen del dios Osiris, de ahí su nombre de Osiris-Apis, el cual hace referencia únicamente a los toros Apis difuntos que han pasado por el ritual funerario. Posteriormente, los sacerdotes buscaban por todo Egipto un ternero que tuviese las mismas características físicas que sus predecesores y era llevado junto con su madre vaca hasta el santuario. Allí, la madre y el hijo vivían hasta que morían.

En época ptolemaica, Menfis va a ser un lugar muy relevante a nivel político y religioso. Los grandes sacerdotes de Ptah en Menfis van a tener una relación muy estrecha con la dinastía lágida. El culto a Osiris-Apis en Menfis en este periodo va a influir en la creación de Serapis durante el reinado de Ptolomeo I. Aunque hay cierto debate sobre su figura, el dios Serapis es una divinidad de nueva creación que aúna aspectos de diferentes dioses y parece ser una adaptación griega de la forma divina menfita de Osiris-Apis. Además, durante el reinado de Ptolomeo II se establece en Menfis el culto a Arsínoe, y Ptolomeo V va a promulgar un decreto en honor a los sacerdotes de la ciudad. En este periodo, en Menfis se genera una dinastía de altos sacerdotes de Ptah que tienen una estrecha relación con la dinastía ptolemaica. De hecho, la relación fue tan buena que Berenice, hija de Ptolomeo VIII, se casó con uno de estos sacerdotes.

Estos sacerdotes van a desempeñar un papel muy relevante dentro de la dinastía, no solo por sus funciones religiosas, sino también porque el sumo sacerdote de Ptah en Menfis era el encargado de coronar al rey de Egipto.

Otro ejemplo del poder que llegaron a tener los sacerdotes menfitas lo encontramos en el Museo Arqueológico Nacional de España. En este museo yace el cuerpo momificado de Nespamedu, un hombre que vivió durante el siglo III a. C., entre Ptolomeo II y Ptolomeo III. Fue sacerdote del dios Imhotep y médico del faraón. Realizó su actividad como médico tanto en la corte como en Menfis, ya que en esta época Imhotep fue equiparado con el Asclepio griego, por lo que, en Menfis, en el santuario de este dios, se realizaban curas e *incubatio*. La *incubatio* fue muy habitual en época helenística y consistía en acudir a un lugar sagrado donde la persona era atendida por los sacerdotes y, a través del sueño, se sanaba. Posiblemente, Nespamedu pudo sanar allí a aquellos que lo necesitasen. Además, el médico del rey ocupaba un lugar destacado dentro de la sociedad y gozaba de prestigio. Estamos hablando de un sacerdote menfita que era el médico del rey, con toda la influencia política que eso conlleva. Seguramente, desarrolló su actividad tanto en Menfis como en Alejandría.

Cleopatra VII continuará esta buena relación dinástica con los sacerdotes de Menfis al financiar económicamente el culto al toro Apis. De esta forma, gracias al sustento económico de los templos y a la religión egipcia, consiguió apoyo político fuera de Alejandría. Además, esta reina hizo otro movimiento a favor de los sacerdotes menfitas, en concreto de sus mujeres. Las esposas de estos sacerdotes jugaban un papel importante dentro del culto menfita, ya que en este periodo solían desempeñar un rol como sacerdotisas, en concreto, eran músicas. En la religión egipcia, la música ocupaba un lugar destacado, ya que a través de ella se podían comunicar con los dioses y con los difuntos. Por ese motivo muchas mujeres a lo largo de la historia egipcia tocaron música en los templos, desde sistros hasta panderetas. En el 44 o 43 a. C., Cleopatra VII nombra a la mujer de Psenptah III «esposa de Ptah». A través de este título reconoce el trabajo de los sacerdotes menfitas y afianza su relación con ellos.

Posteriormente, en época romana, Menfis mantendrá su prestigio y su relación con Alejandría.

Pese a que el culto a Apis tiene su origen en el reinado de Aha, el Serapeum de Menfis que nos ha llegado se crea en el año 30 de reinado de Ramsés II, que es cuando se comienza a excavar la gran galería subterránea. No obstante, sabemos que el culto a este toro y su enterramiento se remontan al reinado de Amenhotep III. En el Serapeum hay dos galerías, una del Reino Nuevo y otra de la dinastía XXVI, que se utilizó en época ptolemaica y romana.

Lo que conocemos como el Serapeum, que son las catacumbas, formaba parte del recinto sagrado (*témenos*) de lo que se conoce como el Dominio de Osiris-Apis. Desde el reinado de Amasis hasta finales de la época ptolemaica los toros eran enterrados dentro de sarcófagos y no en ataúdes, como se había hecho previamente. Parece ser que el Serapeum dejó de utilizarse para el enterramiento de los toros Apis a principios de la época romana, aunque es posible que continuase el culto a Apis en esta zona hasta el siglo IV d. C.

Además del testimonio de Estrabón, que nos informa del culto a Apis en Menfis en época ptolemaica y también de la llegada de turistas, prueba del interés griego en este santuario es que en el dromos —la avenida procesional de acceso— del Serapeum se han encontrado grafitis en griego realizados por los peregrinos.

Las puertas de las cámaras subterráneas del Serapeum se abrían durante el funeral del toro Apis y en fechas señaladas, como la celebración del año nuevo y, en época ptolemaica, durante el festival de Imhotep. En este periodo consideraban que Imhotep —como ya hemos visto, para los griegos Asclepio—, tenía una relación con el toro Apis. El culto a Apis no terminaba en el funeral, sino que continuaba en el complejo funerario donde existía un santuario.

Dentro del Serapeum, se encontraron estelas dedicadas al toro que había fallecido por parte del rey y estelas votivas y grafitos de particulares. Es decir, personas particulares pagaban estas estelas para que los sacerdotes las pusiesen lo más cerca posible del toro Apis, como una forma de rendirle culto y a veces pedirle cosas.

Quizá una de las estelas más relevantes que allí se hallaron fue la estela Louvre IM 8, muy relevante cuando hablamos de nuestra Cleopatra. Nos habla del nacimiento de Cesarión (el «día del nacimiento del faraón», es decir, del hijo de la reina) y aporta la fecha concreta en que se realizó la estela.

Además, la vinculación de esta reina con el toro Apis de Menfis no termina aquí, ya que en su tercer año de reinado muere el toro Apis (50 o 49 a. C.) que estaba entonces en el santuario. Sabemos que ella hizo una gran donación para su culto en este momento, lo cual reforzó su relación con los sacerdotes menfitas. En concreto, ella misma concedió 412 monedas de plata para proveer de ofrendas su culto.

No obstante, el Serapeum menfita no fue únicamente un lugar de culto egipcio, ya que se convirtió también en un centro relevante para los griegos. Allí se ubicó un centro de conocimiento científico y literario en época ptolemaica. Prueba de la presencia griega en este entorno es el hallazgo de una exedra delante del palacio y del Serapeum.

Por último, en las inmediaciones del Serapeum existía un palacio donde los reyes residían durante su visita a la ciudad de Menfis, por lo que seguramente, si Cleopatra visitó Menfis, se acomodó en este edificio en su estancia.

El toro Bujis y la primera acción de Cleopatra como reina de Egipto

A lo largo del Nilo, más allá de Menfis, hubo otras ciudades que albergaron en sus templos animales sagrados. Como ya se ha apuntado previamente, los egipcios no adoraban a todos los animales, pero algunos sí que eran sagrados y, por ello, se ubicaban en los templos y eran considerados el espíritu vivo de un dios en particular. Los toros sagrados más importantes eran el toro Apis de Menfis, el toro Mnevis de Heliópolis y el toro Bujis de Hermontis.

Hermontis, actual Armant, se encontraba en el Alto Egipto y era conocido como la Heliópolis del sur. El toro Bujis encarnaba el espíritu del dios Montu y del dios Ra. La vinculación con Montu fue muy importante, ya que el santuario de Hermontis estaba dedicado a él. El culto a este toro está atestiguado desde la dinastía XX hasta época romana. Gracias a la epigrafía conocemos que recibió mucha atención en época ptolemaica, no solo durante el reinado de Cleopatra VII, sino también por parte de otros reyes de su dinastía.

El toro Bujis, al igual que otros toros sagrados, debía tener unas características físicas determinadas. Poseía la cabeza negra y el cuerpo blanco. Antes de la época ptolemaica, el toro era instalado en la propia Hermontis, sin embargo, en este momento histórico la instalación se realiza en Tebas y después se lleva al toro a Hermontis en una barca sagrada, que era donde se quedaba a vivir el animal hasta el fin de sus días.

Al igual que el toro Apis, el toro Bujis vivía aproximadamente veinte años. Cuando moría era inhumado en el Bucheum. Al morir el toro Bujis se identificaba con Osiris bajo la forma Osiris-Bujis. La vaca madre del toro Bujis también recibía rituales funerarios y el enterramiento en unas tumbas que se encontraban cerca del Bucheum. En este sentido, hay ciertos paralelismos con el toro Apis, ya que ambos tenían una necrópolis especial, sus madres recibían un tratamiento especial, y, por otro lado, mientras vivían se los vinculaba con unas divinidades y al morir se identificaban con Osiris.

En marzo del 51 a. C., Cleopatra VII viaja hasta allí para instalar al nuevo toro Bujis en Hermontis el 22 de marzo. La reina no solo viaja hasta la ciudad, sino que participa en el ritual. La participación de los reyes en este acto de instalación del animal sagrado tenía un carácter principalmente político. Conocemos el suceso gracias a una inscripción en la estela AEIN 1681 de la Gliptoteca Ny Carlsberg, datada el 16 de abril del 29 a. C., que es cuando muere el toro al que conoce nuestra protagonista. El toro había vivido desde el 53 a. C. hasta el 29 a. C., un total de veinticuatro años. En esta estela se nos habla del momento en que los reyes instalan a este toro en su vivienda de Hermontis, ya que previamente había estado en Tebas:

> [El toro Bujis] fue instalado por el mismo rey en el año 1, 19 Phamenoth. La reina, la señora de las Dos Tierras, la diosa que ama a su padre, lo llevó remando en la barca de Amón junto con los barcos del rey, todos los habitantes de Tebas y Hermontis y los sacerdotes que estaban con él. Él alcanzó Hermontis, su morada, el 22 de mecheir.

Este texto no es únicamente interesante porque nos habla de este acto religioso por parte de Cleopatra, sino porque se la reconoce en él como gobernante de Egipto.

Posteriormente, la reina financió un *mammisi* en el templo como una forma de estrechar lazos con los sacerdotes del templo y, en consecuencia, con los del Alto Egipto. Este *mammisi* se levantó para celebrar el nacimiento divino de Cesarión. Además, en él se identificaba al niño con el dios Horus, algo que resulta lógico, ya que, como hemos explicado previamente, el faraón se identificaba con esta divinidad a la hora de gobernar.

En Hermontis, se ha encontrado la única prueba escrita donde se llama a Cleopatra «rey de Egipto». En la imagen que acompaña al texto donde se la nombra rey no se muestra como un hombre, sino como mujer. De hecho, aparece el título en algunas escenas donde se la representa alumbrando a su hijo.

El dios Serapis y el Serapeum de Alejandría

Cuando hablamos de religión en época ptolemaica resulta fundamental hablar del dios Serapis, ya que es una divinidad que crea en este periodo la dinastía lágida y, además, su gran centro de culto se situó en Alejandría.

Serapis es una divinidad que aúna aspectos de divinidades griegas y egipcias, al mismo tiempo que posee un aspecto típicamente griego. Es una mezcla de Osiris, Apis, Hades, Dioniso, Asclepio, Helio y Zeus. Su origen parece que se remonta a Alejandro Magno o a Ptolomeo I, y desde su aparición se convierte en un dios protector de la dinastía ptolemaica. Se cree que Serapis es una interpretación griega de la forma divina de Osiris-Apis de Menfis, aunque se independiza de lo egipcio e inicia un camino religioso propio. La pareja divina de Serapis será Isis, por lo que sustituirá a Osiris —que es la pareja egipcia de la diosa Isis por antonomasia—. El hijo divino de ambos será Horus niño, por lo que se continúa la tradición egipcia. Isis y Serapis se identificarán con Hera y Zeus.

Los reyes ptolemaicos se van a identificar con estas parejas divinas a la hora de gobernar, como ya hemos explicado en otro capítulo. De hecho, podemos ver muchas monedas de la época donde se muestra a los monarcas como Isis y Serapis.

El culto a Serapis recibió atención principalmente en Alejandría, ya que fue muy popular entre la población griega. Tal fue su fama, que el dios Serapis se expandirá por el Mediterráneo gracias al protagonismo de la diosa Isis en aquel momento.

En la ciudad de Alejandría tuvo un centro de culto al que se conoce como Serapeum. El Serapeum se ubicaba en la acrópolis de la zona de Racotis, en la zona suroeste de la ciudad, en el área donde había existido un asentamiento egipcio desde época de Ramsés II, por tanto, en el barrio egipcio y más antiguo de la ciudad. Este templo estuvo activo desde el siglo III a. C. hasta el siglo IV d. C.

En este templo no solo se rindió culto a Serapis, sino también a Isis, Anubis, Astarté y Asclepio.

Del Serapeum nos han llegado restos arqueológicos que sitúan su construcción en el siglo III a. C. y principios del II a. C. No parece que se realizasen nuevas construcciones posteriormente hasta que sufrió un incendio a finales del siglo II d. C. Además, a partir de Ptolomeo IV decaen las iniciativas realizadas allí. El templo seguía un estilo arquitectónico griego: planta rectangular, con un pórtico que rodeaba todo el recinto, dos entradas al complejo, poseía una estoa, templo de planta griega y se ubicó en una acrópolis. También mostraba algunos elementos de influencia egipcia, como por ejemplo las cámaras subterráneas, las esfinges, los materiales reutilizados de construcciones egipcias del Reino Nuevo o la presencia de un nilómetro. Las esculturas que lo decoraban también combinaban el estilo griego y el estilo egipcio, y representaban a reyes y reinas de la dinastía ptolemaica. En resumen, todo el complejo incorporaba una mezcla de elementos griegos y egipcios.

No obstante, desconocemos cómo era la liturgia en el templo, aunque podemos suponer, a pesar de la existencia de algunas placas escritas en griego, que por la presencia de jeroglíficos y por el nombre egipcio de algunos sacerdotes, que se realizaba un culto de estilo egipcio.

En cualquier caso, el Serapeum de Alejandría debió de ser un lugar de culto relevante en época de Cleopatra, por lo que la reina debió relacionarse también con este enclave religioso que se hallaba en la capital.

Las fiestas dinásticas ptolemaicas

A partir del siglo III a. C. en Alejandría se celebraron fiestas dinásticas que cumplieron un papel destacado dentro de la propaganda política de la dinastía ptolemaica. En estas festividades se realizaban concursos atléticos y poéticos, además de facilitar las relaciones diplomáticas en muchos casos.

En primer lugar, resulta fundamental comprender la presencia de Dioniso en el Egipto ptolemaico y su profunda relación con la dinastía lágida. Dioniso va a ser muy importante también durante el gobierno de Cleopatra VII, especialmente cuando aparezca Marco Antonio.

El culto a Dioniso en Grecia recibió un gran impulso en época helenística y esto también se observa en el Egipto ptolemaico. Los reyes de esta dinastía consideraron que Dioniso era su antepasado. La vinculación de los reyes ptolemaicos con Dioniso se remontaba a la Macedonia de época clásica, pero en Egipto se impulsó principalmente a partir de Ptolomeo IV. De hecho, la relación de Ptolomeo IV con Dioniso fue tal que se decía que tenía un tatuaje de una hoja de hiedra, que era un símbolo dionisiaco.

Ptolomeo XII, el padre de Cleopatra VII, recibió el título de «nuevo Dioniso» en griego y «joven Osiris» en egipcio, ya que los griegos consideraban que Dioniso era Osiris desde Heródoto. Durante el reinado de Cleopatra, destacó la relación que tuvo Marco Antonio con este dios, dado que este también se mostró como «nuevo Dioniso», al tiempo que Cleopatra fue considerada «nueva Isis».

Quizá las fiestas dinásticas más importantes fueron las Ptolemaia, que eran unos festivales que se realizaban cada cuatro años e incluían unos juegos que contribuían a la propaganda real. Esta fiesta se realizaba en honor de Ptolomeo I desde junio o julio del 278 a. C. y en ella se celebraba la reunión de Ptolomeo I con Alejandro Magno en el Olimpo. La fiesta se centraba en la divinización de los reyes difuntos (Ptolomeo I y Berenice) y en Dioniso. Durante este festival se invitaba a estados griegos para que enviasen a sus representantes. A dicha festividad también acudían atletas y artistas.

Esta festividad tenía un marcado carácter propagandístico, ya que en ella se aludía a la capacidad bélica del rey, la veneración de este a sus padres y dioses, y su aptitud para proveer de lo necesario a su población. Además, las Ptolemaia manifestaban el poder del monarca. Al mismo tiempo, ponían el foco en la capital, Alejandría, que resplandecía durante esta festividad.

Las Ptolemaia se llegaron a celebrar en otros lugares fuera de Alejandría durante el siglo III a. C., como fue, por ejemplo, el caso de Delos o Atenas.

Se podría decir que la celebración era griega y poseía un marcado carácter dionisiaco. De hecho, se realizaba una procesión en honor de este dios, en la cual se llevaba un gran falo, entre otras cosas. Además, esta festividad hacía la competencia a los Juegos Olímpicos.

Uno de los momentos más importantes durante la celebración era la procesión que se iniciaba al amanecer, posiblemente después del banquete inaugural. Las procesiones duraban dos días. Durante la procesión primero se portaban estatuas de reyes que se consideraban antepasados de Alejandro Magno y Ptolomeo I, así como de distintos dioses. También se llevaba a cabo una procesión militar. Después, se hacían sacrificios de animales, en concreto se sacrificaban doscientos bueyes que habían participado en la procesión.

Una vez finalizaban las procesiones, se realizaban las competiciones. Por un lado, las competiciones dramáticas eran presididas por el dios Dioniso; en ellas, participaban actores, poetas, músicos y cantantes. Por otro lado, se hacían competiciones musicales y ecuestres.

La parte final de la fiesta era un banquete que se dividía en dos: en uno se reunían los invitados especiales, y, en el otro, participaban soldados, visitantes y miembros de las asociaciones de culto.

Otras fiestas dinásticas destacadas son las conocidas como Basileia, que también incluían juegos y que comenzaron a celebrarse durante el reinado de Ptolomeo II. Este festival estaba dedicado a Zeus Basileus y en él también se celebraba la divinización de los reyes ptolemaicos. Sabemos que las Basileia se remontaban a Alejandro Magno, ya que este celebró en Menfis una Basileia que incluía juegos teatrales y atléticos. A partir de Ptolomeo II, esta fiesta coincidía con el cumpleaños del rey, aunque parece que en algún momento coincidió con la fecha de coronación de Alejandro en Menfis.

Otros festivales importantes que tenían lugar en las zonas rurales (*chora*) y en Alejandría fueron las Arsinoeia, que eran unas fiestas dedicadas a la diosa y reina Arsínoe II. En esta festividad también se realizaba una procesión donde se portaba la imagen de Arsínoe y se realizaban sacrificios. Arsínoe, como divinidad, fue relevante dentro de Alejandría y en el Mediterráneo, ya que se consideró una patrona de la navegación. Esta fiesta constituye una prueba más de lo relevantes que fueron las reinas ptolemaicas en este periodo.

En lo que respecta a nuestra reina, van a ser muy importantes algunos festivales que se desarrollan durante su gobierno, cuando tiene una relación con Marco Antonio. Sobre esto profundizaremos posteriormente.

5
Guerra y alianzas
El ascenso al trono de Cleopatra

El matrimonio con Ptolomeo XIII

Ptolomeo XII muere a principios del 51 a. C. y, en marzo de ese mismo año, Cleopatra VII ya estaba gobernando junto con su hermano Ptolomeo XIII. Cleopatra se casó con su hermano para gobernar, seguramente por petición de su padre y para mantener la tradición dinástica del matrimonio entre hermanos.

Cleopatra se casa con su hermano cuando ella tiene dieciocho años y él diez. No debe extrañarnos lo jóvenes que eran los dos, ya que la edad para casarse en el antiguo Egipto era no antes de los catorce años para las mujeres y en torno a los veinte años para los hombres. En época romana sabemos que el matrimonio para las mujeres llegaba en torno a los diecisiete años y a los veinte para los hombres. Sin embargo, es muy probable que, aunque estuviesen casados, no desarrollasen la intimidad que un matrimonio implica. Además, poco después de su acceso al trono y del matrimonio con su hermano, ella consigue echarle del gobierno, por lo que parece ser que durante dieciocho meses reinó sola. En el 49 a. C., Ptolomeo XIII volvió a reinar junto con su hermana y se mantuvo en el poder gracias a la ayuda y la protección del eunuco Potino, del egipcio Aquilas y de su tutor Teódoto de Quíos.

Sin embargo, las disputas entre la pareja de hermanos no concluyeron con el retorno de Ptolomeo XIII, sino que los seguidores del rey consiguieron expulsar a Cleopatra del gobierno en el verano del 49 a. C.

Parece ser que la reina se retiró a Tebas (actual Luxor), aunque desconocemos con seguridad adónde fue. Meses después, en la primavera del 48 a. C., la obligaron a irse del país, por lo que se marchó a Siria, según Estrabón, desde donde luchó por recuperar el trono de Egipto. Es muy probable que la acogiesen en la zona del Levante mediterráneo, ya que allí se acuñó un tetradracma en Ascalón en el 49 a. C. con el rostro de la reina, por lo que podría constituir una prueba de que fue una figura respetada en esta área.

Esta expulsión dio lugar a una batalla entre las tropas de Ptolomeo XIII y Cleopatra VII en Pelusio. No sabemos con total seguridad cómo consiguió las tropas, pero estas podrían haber llegado de Tebas o de Siria, teniendo en cuenta cuáles eran sus alianzas en aquel momento. Al mismo tiempo, estalló la guerra civil en Roma.

La muerte de Pompeyo

Una vez que hemos comprendido cómo llega Cleopatra al trono y cuáles son los primeros conflictos internos que afronta, es fundamental entender por qué motivo aparece Julio César y qué papel juega el romano en su gobierno. Tras la creación del Primer Triunvirato —la alianza formada por Cneo Pompeyo Magno, Cayo Julio César y Marco Licinio Craso, entre el 60 a. C. y el 53 a. C.—, en Roma se inicia una lucha por el poder entre los triunviros, principalmente entre Julio César y Pompeyo. A la llegada de la reina al gobierno se está produciendo ya en Roma esta lucha por el poder entre ambos, por lo que se están sentando las bases para una guerra civil que estalla en el 49 a. C., después de que César cruce el Rubicón. A partir de ese momento se inician una serie de batallas entre los dos triunviros, al mismo tiempo que en Egipto también hay una lucha por el poder. Aunque César ya había sido una persona con presencia política y bélica en Roma anteriormente, es a partir de este año cuando va a tener un gran protagonismo en la vida política de la República romana, que es el año a partir del cual se le declara dictador. Además, no debemos perder de vista que César ya tuvo relaciones con la dinastía ptolemaica desde Ptolomeo XII.

Dentro de este contexto debemos hablar de la guerra de Alejandría, que se sucede dentro de la guerra civil. Durante el curso del conflicto, Egipto había quedado al margen, hasta que, después de la batalla de Farsalia (48 a. C.), Julio César llega al país del Nilo persiguiendo a Pompeyo.

Pompeyo había sido derrotado en Farsalia, por lo que huye a Alejandría, ya que espera encontrar allí apoyo, debido a la ayuda que él había prestado a Ptolomeo XII y a Ptolomeo XIII en el pasado. A su llegada, Pompeyo se encuentra con la ciudad de Alejandría cerrada, ya que Ptolomeo XIII estaba intentando mantener su poder a través del control militar.

Pompeyo, pues, pide ayuda al monarca, y Ptolomeo XIII le hace creer que accede. Cuatro hombres: Filipo, Salvio, Aquilas y Septimio, acompañan a Pompeyo en una barca para alcanzar tierra, ya que no podían atracar en el puerto debido a la situación militar y política.

Se cree que por orden del eunuco Potino y de Teódoto de Quíos, tutores de Ptolomeo XIII, Salvio, Aquilas y Lucio Septimio asesinan a Pompeyo al desembarcar en la orilla. El principal motivo por el que deciden que debe morir se debe a que creían que Pompeyo iba a continuar su lucha contra César desde Egipto, y, si accedían a acogerle, estarían apoyándole cuando era él quien iba perdiendo en los combates. Por tanto, esta petición de hospitalidad fue entendida por los egipcios como un compromiso que les haría entrar en una guerra que no les interesaba mantener.

Plutarco nos cuenta lo siguiente sobre el asesinato:

> Cuando se aproximaban a tierra, Cornelia, que estaba vivamente inquieta, acompañada de sus amigos, miraba desde la trirreme el desarrollo de los hechos, y empezó a animarse al ver que muchos hombres del rey concurrían

al lugar del desembarco como con intención de honrarlo y recibirlo. Pero en el momento en que Pompeyo tomaba la mano de Filipo para ponerse en pie con mayor facilidad, Septimio, por la espalda, fue el primero en atravesarlo con su puñal, y después de él Salvio y luego Aquilas desenvainaron sus espadas. Pompeyo, echándose con ambas manos la toga sobre su rostro, sin decir ni hacer nada indigno de él, sino emitiendo solo un gemido, resistió con firmeza los golpes. Tras haber vivido cincuenta y nueve años, dijo adiós a su vida un día después de su cumpleaños. Los que estaban en los barcos, al ver el asesinato, lanzaron un lamento que llegó a oírse desde tierra, y tras levar rápidamente anclas emprendieron la huida. Un fuerte viento les ayudaba a escapar, en vista de lo cual los egipcios renunciaron a perseguirlos, aunque esa era su intención. Cortaron la cabeza de Pompeyo, arrojaron el resto del cuerpo desnudo fuera de la barca y le abandonaron para quienes deseasen ver esa clase de espectáculos.

Cuatro días después de este suceso, César llega a Alejandría y el tutor del rey, Teódoto, le presenta la cabeza de Pompeyo. Según Plutarco, en el momento en que César ve la cabeza de su enemigo, se echa a llorar y decide redimirse tratando bien a todos los amigos y familiares de Pompeyo que habían sido capturados por Ptolomeo XIII. Por este motivo, Julio César se enfada y llama a Ptolomeo XIII y a Cleopatra VII.

La justificación histórica de por qué César llegó más tarde que Pompeyo a Egipto es que en su viaje se vio afectado por los vientos etesios, que le impidieron llegar antes. Sin embargo, esto ha sido discutido recientemente y se ha planteado que quizá fue una mera excusa, dado que en acontecimientos anteriores César no tuvo grandes problemas para perseguir a su rival. Es probable que estos vientos constituyesen un factor determinante en su viaje, sin embargo, muy probablemente forman parte de una evasiva para distanciarse de la política ptolemaica y no ser relacionado con la muerte de Pompeyo, que fue mal vista entre los romanos. Además, en cierta medida, César se convierte en el vengador de la muerte de Pompeyo al enfrentarse a Ptolomeo XIII e intervenir en la política egipcia. Por otro lado, hay un motivo esencial por el que César se queda en Egipto, y es para mediar en la política egipcia de acuerdo con la petición que había hecho a Roma Ptolomeo XII en su testamento. Por todos estos motivos, César interviene en Egipto, sentándose las causas de la conocida como guerra de Alejandría, que tendrá lugar entre el 48 y el 47 a. C.

Parece que desde el punto de vista de César la responsabilidad de la muerte de Pompeyo recae principalmente en los asesores del rey, el eunuco Potino y Aquilas. Además, debemos tener presente que a los romanos no les gustaban especialmente los eunucos por una cuestión de género, debido a que para ellos la masculinidad era muy importante y los eunucos se distanciaban de lo masculino, debido a que eran hombres castrados. Según Plutarco, Potino, aparte de haber expulsado a Cleopatra, estaba conspirando en contra de Julio César a su llegada a Egipto y una de las cosas que hace es alimentar y tratar mal a las tropas de César. Parece ser que por este motivo César decide llamar a Cleopatra de vuelta.

Una cuestión de alfombras: el encuentro entre Julio César y la reina egipcia

Cuando Cleopatra y Julio César se conocen, él tiene aproximadamente cincuenta y dos años y ella casi veintidós, por lo que la diferencia de edad era notable, aunque eso no fue un obstáculo en absoluto.

Pese a que existe la creencia popular de que Cleopatra llegó enrollada en una alfombra, ninguna fuente antigua confirma que fuera así. De hecho, el único que nos habla de esta presentación tan fantasiosa es Plutarco y dice lo siguiente:

> Esta, tomando consigo a uno de sus amigos, el siciliano Apolodoro, subió a una pequeña embarcación y abordó el palacio real cuando reinaba ya la oscuridad; como no había otro modo de pasar desapercibida, se metió en un fardo de mantas cuan larga era, y Apolodoro, atando el fardo con una correa, la introdujo a presencia de César, quien se dice quedó prendado de Cleopatra gracias a esta su primera artimaña, encontrándola descarada, y que después, cautivado por su conversación y su gracia, la reconcilió con su hermano a fin de que compartiera el reino con él.

Todo parece indicar que esta idea de que la reina consiguió entrar en el palacio de Alejandría dentro de una alfombra no es verídica, porque según la versión de Plutarco ella accedió al edificio de noche entre tejidos de cama.

El motivo por el cual pensamos que llegó dentro de la alfombra tiene su origen en una traducción de hace casi trescientos años. Este falso mito de que Cleopatra llegó en una alfombra es una construcción muy reciente y propia de nuestro tiempo.

La palabra griega que utiliza Plutarco, que se ha traducido como «alfombra», es *estromatódesmos* (στρωματόδεσμος), que se suele traducir como «ropa de cama» o «manta», ya que no hay una palabra precisa en español o en inglés que defina con exactitud a qué se refiere. Lo cierto es que el *estromatódesmos* era un saco de lino donde se metía la ropa de cama y se ataba.

Esta creencia surge de una traducción de Langhorne de la obra de Plutarco en el siglo XVIII, debido a que el autor prefirió utilizar en su traducción la palabra «alfombra», que se aleja mucho del sentido original. En el siglo XVIII esta traducción era relativamente adecuada, ya que en su momento la palabra «alfombra» en inglés se refería a un tejido fino que se utilizaba para cubrir camas o mesas. A partir del siglo XIX los lectores ya no van a entender el concepto de *alfombra* de la misma forma que lo comprendió Langhorne, y por ello observamos cuadros donde la representan al lado de una alfombra tal y como imaginamos que es una alfombra hoy en día.

GUERRA Y ALIANZAS

Posteriormente, en 1866, Jean-Léon Gérôme pinta el famoso cuadro *Cleopatra y César*, en el cual se muestra a la reina de pie al lado de una alfombra y de su amigo Apolodoro, que el autor muestra como egipcio cuando no lo era. El mito de que la reina sale de una alfombra termina de consolidarse en el cine del siglo xx, cuando se utiliza en la película de 1934 *Cleopatra* (Cecil B. DeMille), protagonizada por la actriz Claudette Colbert. Esta escena se repetirá en la película de 1963, dirigida por Mankiewicz, Mamoulian y Zanuck, y protagonizada por Elizabeth Taylor, donde terminará de forjarse la leyenda.

No obstante, resulta plausible que ella acudiese a él procurando que nadie se enterase, ya que lo hizo en el contexto de la guerra de Alejandría, cuando ella, además, estaba peleada con su hermano y tenía detractores dentro del gobierno.

Mientras que Plutarco nos habla de que llega escondida entre ropa de cama, Dion Casio nos cuenta que le solicita a César una audiencia porque está siendo traicionada por sus amigos y acude de noche al palacio para que su hermano no se entere. Antes de ir, ella se acicala, pero no demasiado, para recibir la piedad de César. El motivo por el cual el romano se sintió atraído fue por la labia que ella tenía, y no porque le impresionase su descaro al salir escondida de un fardo de mantas.

Por otro lado, pese a que habitualmente pensamos que Cleopatra era una mujer seductora, Suetonio apunta que Julio César era un mujeriego al que le gustaban «los placeres sensuales». Por tanto, no debemos considerar

149

que, en esta situación, fuera ella la única que avivó el fuego, sino que fue una estrategia útil para ambos.

La guerra de Alejandría

Sucesos de la guerra de Alejandría	
Julio del 48 a. C.	Asesinato de Pompeyo en Pelusio
Verano del 48 a. C.	Encuentro entre Cleopatra VII y César Inicio de la guerra de Alejandría Incendio de la gran biblioteca Arsínoe IV se une a Aquilas Potino es asesinado Aquilas muere Arsínoe IV y Ganímedes se hacen con el control de las tropas
Otoño del 48 a. C.	Control de la isla de Faro Emboscada de los alejandrinos en Faro
Inicios del 47 a. C.	Mitrídates de Pérgamo ayuda a César Victoria de César sobre los egipcios Muerte de Ptolomeo XIII Arsínoe IV es capturada César entra como vencedor en Alejandría

La guerra de Alejandría (48-47 a. C.) fue una contienda entre Julio César y los seguidores de Ptolomeo XIII. Esta se enmarca en la guerra civil, aunque César ya no luchaba directamente contra Pompeyo.

En la guerra, los egipcios expresaron su descontento por el control romano de Egipto, por lo que César también tuvo que hacer frente a personas armadas sin formación militar que atentaron contra él. Como su nombre bien indica, este conflicto se libró en Alejandría, la capital de Egipto.

En el 48 a. C., César cede Chipre al futuro Ptolomeo XIV y a Arsínoe, ambos hermanos de la pareja real. Esto supone un problema para Roma, que poseía Chipre y lo pierde por culpa de César, que se lo entrega a los egipcios; sin embargo, al mismo tiempo, es un gran regalo para los Ptolomeos que recuperan Chipre, una isla que en el pasado había sido propiedad de su dinastía.

Julio César no va a tardar en deshacerse de Potino y Aquilas. Parece ser que el barbero de César había oído que estos dos estaban conspirando en su contra, por lo que le pone al tanto del asunto. Una vez que César se entera, comienza una guerra entre las tropas debilitadas del romano y las egipcias lideradas por Aquilas. En este momento Arsínoe, hermana de Cleopatra y del rey, se une a Aquilas, acompañada del eunuco Ganímedes, que era su tutor. Una vez con Aquilas, proclaman a Arsínoe reina. No obstante, esta alianza no dura mucho tiempo, porque enseguida empieza a haber problemas entre Aquilas y Arsínoe.

Dentro de este contexto, Potino manda unos mensajeros con un comunicado de apoyo a Aquilas. César consigue capturar a estos mensajeros y dar muerte a Potino. Poco tiempo después, Arsínoe consigue que muera Aquilas y pone al mando de las tropas a Ganímedes.

Al hacerse con el mando, Ganímedes idea un sistema

para quitarle a César el acceso al agua dulce: lo que hace es cortar los canales subterráneos que proveían de agua a la ciudad y hace que se inunden con agua salada. Finalmente, César consigue cavar pozos que proveen de agua dulce a la ciudad.

Ante los avances enemigos, César desea impedir que las tropas de Arsínoe se hagan con la flota romana que estaba en el puerto de Alejandría. Para ello, parece ser que se vale del fuego para cerrar el distrito del palacio, además de evitar que sus enemigos se hiciesen con sus barcos y los utilizasen contra él en el 48 a. C. Supuestamente, inicia un fuego en los arsenales que acaba llegando a la Biblioteca de Alejandría, donde se calcula que se pierden cuatrocientos mil libros. La biblioteca, tal como se ha explicado previamente, poseía un gran edifico central y, en época de Cleopatra VII, contaba con otros emplazamientos secundarios a lo largo de la ciudad. Esta biblioteca estaba al lado del museo, en la zona del palacio real, próxima al puerto oriental. Por tanto, es posible que el famoso primer incendio de la Biblioteca de Alejandría fuese el resultado de una mala gestión de este incendio por parte de Julio César, que alcanzó el edificio sin ser este su objetivo inicial. Sin embargo, se ha puesto en duda la veracidad de este incendio, ya que hay quien asegura que César no destruyó ni grano ni libros.

Posteriormente, César se hace con el control de la isla de Faro y, de esta forma, consigue que le hagan llegar por vía marítima refuerzos y trigo, pero esta situación no dura mucho tiempo, ya que algunos alejandrinos desembarcan en Faro tendiendo una emboscada a las tropas de César. Debido a lo difícil de la situación, el cónsul huye a nado hacia sus barcos, desde donde consigue ayuda para los que habían quedado en tierra.

César pone punto final a la guerra gracias a la ayuda de Mitrídates de Pérgamo. Gracias a su colaboración, a principios del año 47 a. C., el romano entra de nuevo en Alejandría, pero en esta ocasión como vencedor de la guerra.

En cuanto al destino de sus enemigos, por un lado, Ptolomeo XIII inicia su huida y muere ahogado en el camino, y Arsínoe va a viajar a Roma, donde desfila en el triunfo de César del 46 a. C., tras lo cual es liberada y se marcha a Éfeso, donde vive hasta que es asesinada en el 41 a. C.

La alianza entre el romano y Cleopatra VII

Pese a lo que se suele pensar, la alianza entre Julio César y Cleopatra VII no se da desde el inicio de la guerra de Alejandría, sino que hay que esperar hasta el final del conflicto. Una vez que muere Ptolomeo XIII y finaliza la guerra, César honra el testamento del padre de la reina, y establece que gobiernen Cleopatra y su otro hermano, Ptolomeo XIV.

Como hemos podido observar, Roma tuvo un impacto y una intervención directa en el contexto que le tocó vivir a Cleopatra VII por culpa de los tejemanejes de su padre con los romanos. En este sentido, nos debemos plantear por qué Julio César no quiso anexionarse Egipto directamente y convertir en ese momento al país en una provincia de la todavía República romana, como hizo Octaviano. Parece ser que el motivo principal era que él sabía que, si realizaba esta anexión, habría muchas rebeliones en Egipto, por lo que era una forma de mantener el control y la relación con el país del Nilo al mismo tiempo que evitaba posibles conflictos sociales y revueltas.

Además, debemos tener presente que los romanos habían establecido relaciones clientelares con otros reyes; sin embargo, el caso de Cleopatra era diferente, debido a la relación que él tenía con la reina. Esta relación personal con ella posibilitaba una relación más fluida y sencilla con Roma.

En resumen, la relación entre Julio César y Cleopatra no es tan intensa políticamente desde el inicio de la contienda, sino que es una alianza que se teje gradualmente. Dicha relación se ve reforzada tras la finalización de la guerra de Alejandría. A partir del 47 a. C. es cuando podemos hablar de una alianza entre el romano y la egipcia, que da lugar, entre otras cosas, al matrimonio de la reina con su hermano Ptolomeo XIV y al nacimiento de Ptolomeo XV César, más conocido por los alejandrinos como Cesarión («Pequeño César»).

6
Por el interés de Roma
La relación de Cleopatra y Julio César

¿Realmente era tan bella?

En este punto es importante debatir sobre si Cleopatra era bella o no. En muchas ocasiones se tienen en cuenta las representaciones de la reina en monedas para argumentar que no era atractiva y, por el contrario, las fuentes antiguas hablan de su belleza.

El concepto de belleza es cultural, por lo que cada sociedad considera seductores ciertos atributos, que en otras pueden no serlo. Además, en muchas ocasiones no es únicamente el aspecto físico lo que determina si una persona es atractiva, también hay otros atributos que pueden entrar en la ecuación: la inteligencia, la conversación, el poder de esa persona, su posición social, etcétera, por lo que el deseo hacia un sujeto no es una cuestión únicamente biológica, sino contextual.

Para entender mejor este fenómeno de una forma más sencilla podríamos pensar, por ejemplo, en la generación de nuestros abuelos o de nuestros padres. En ciertas ocasiones, cuando estamos hablando con personas de generaciones anteriores a la nuestra, se nos dice que una persona era muy guapa y popular cuando era joven. Acto seguido se nos muestra una foto de dicho sujeto y quizá no nos parece que fuese tan atractivo, bien porque su pelo está peinado de una forma poco favorecedora, bien porque su pose sea demasiado seria para nuestro gusto, o incluso por su ropa. Sin embargo, estas personas nos prometen que en su momento ese hombre o mujer rompía corazones a más no poder. Mientras tanto, nosotros nos callamos y por dentro nos sentimos un poco culpables por no entenderlo. Aunque a través de las imágenes podemos deducir la belleza de alguien, lo cierto es que ningún cuadro, ni escultura, ni fotografía pueden transmitirnos el atractivo de alguien en toda su dimensión.

Si pensamos en nuestra sociedad, seguramente nos vengan a la mente numerosos ejemplos de personas que podrían parecer poco atractivas a un estudioso del futuro, pero que, sin embargo, para nosotros, son individuos sumamente atractivos. El deseo es a la vez individual y social en el ser humano, ya que es la cultura la que nos enseña qué debemos desear. En este caso, no debemos perder de vista que Julio César anhelaba el poder y Cleopatra tenía mucho que ofrecerle en este sentido.

En relación con la cuestión de su belleza, Plutarco nos dice lo siguiente:

> Cuentan que, en efecto, la belleza de Cleopatra no era, en sí misma, excesivamente exuberante como para subyugar a primera vista, pero su trato tenía un punto irresistible,

y su belleza, junto con el atrayente don de la palabra, y su carácter, que envolvía al que la trataba, le proporcionaban una fascinación penetrante como un aguijón. Provocaba placer el simple sonido de su voz y su lengua, como si fuera un instrumento de múltiples cuerdas, estaba afinado para expresarse en cualquier idioma en el que ella deseara hablar.

Por tanto, aunque Plutarco nos habla de ella cien años después de su muerte, sí que mantiene la idea de que no era precisamente el físico de la reina lo que seducía, sino que poseía otros atributos que la hacían deseable, como por ejemplo su carácter, su inteligencia y su forma de ser.

Asimismo, debemos tener en cuenta que a lo largo de la historia, cuando una cultura habla en sus escritos sobre sus enemigos, estos siempre van a tener grandes capacidades bélicas o intelectuales, ya que de esta forma se demuestra que el vencedor ha sido mejor que su rival y que este no fue fácil de someter, lo cual ensalzaría la valía del ganador. Por tanto, la propaganda política sobre una victoria no se apoya únicamente en los resultados del campo de batalla, sino también en todo lo que se cuenta de ella y en las dificultades que los guerreros han debido afrontar. Dichos obstáculos alaban el buen resultado de la guerra. Por ejemplo, si alguien quisiese ensalzar el resultado de un conflicto, sería mejor decir que el enemigo combatía con una tropa de cien mil soldados valientes, con muchas armas y sin miedo a la muerte para hacer más cara su victoria. En las fuentes de la época, muchas veces nos encontramos con que los escritores dramatizan las características del enemigo para ensalzar la inteligencia, el heroísmo y la valentía del ganador. Al hablar en estos términos del rival, se está mostrando que el ejército vencedor es mucho mejor porque ha podido hacer frente a una situación más compleja.

Por este motivo, para los escritores romanos resulta mucho más sencillo definir a Cleopatra no solo como una mujer inteligente, persuasiva, con mucho poder, sino también como una mujer atractiva y seductora. En este sentido, Octaviano sería el único de los tres romanos que pasaron por la vida de la reina que supo resistirse a su encanto y que encarnó los valores romanos. Es Octaviano el que finalmente derroca a la reina y el que anexiona Egipto a Roma. Por ello, el romano es el gran vencedor y el que encarna la moralidad y el ideal romano en las fuentes históricas. De esta forma, se convierte en un ejemplo para los demás, entre otros motivos porque es el único —al contrario que Julio César y Marco Antonio, que traicionan a sus esposas— que es fiel a su mujer romana.

Por tanto, aunque probablemente podía haber sido una mujer muy atractiva, la razón por la que los romanos alaban esta característica de ella es para justificar lo difícil que fue vencerla. Cuando se habla de la belleza de la reina se está utilizando como un instrumento dentro de la propaganda política romana. La belleza es considerada una de sus características más feroces, porque impide que dos grandes militares, Julio César y Marco Antonio, sean fieles a los valores de la República romana. Además, hasta el inicio del conflicto entre Marco Antonio y Octaviano, la lucha entre Egipto y Roma es más diplomática que bélica, por lo que, en vez de aludir a la ferocidad de las tropas egipcias, se refieren a otra serie de atributos que intervienen en las dificultades políticas que posponen la conquista de Egipto por parte de Roma.

Asimismo, hubo muchos intereses políticos de por medio que propiciaron las relaciones íntimas entre la reina y Julio César, primero, y Marco Antonio, después. Por tanto, no fue únicamente su belleza lo que los persuadió, sino el afán de poder y dinero.

En definitiva, la belleza de Cleopatra, así como su inteligencia, en este contexto histórico, eran características que debían ser temidas y un arma de guerra desde el punto de vista de los escritores clásicos. Si fue tan bella como dicen, nunca lo podremos saber, aunque lo más probable es que en su momento fuese una mujer con cierto atractivo.

¿Qué interés tenía Julio César en Cleopatra?

Cuando pensamos en las relaciones personales y políticas de la reina, siempre se apunta hacia los intereses de ella en Roma. Sin embargo, es conveniente intentar dilucidar qué intereses podría tener Julio César en Egipto y cómo pudo beneficiarle su relación con la reina egipcia.

Para las fuentes antiguas, el motivo de César era principalmente sexual y fruto de la manipulación de

Cleopatra. Sin embargo, debieron de existir otras motivaciones, ya que no estamos hablando de un hombre cualquiera.

En primer lugar, debemos tener en cuenta que Julio César era un hombre ambicioso no solo en la guerra, sino también en la política. De hecho, el propio Plutarco nos habla de este rasgo distintivo de él:

> Pero su afán innato de grandeza y su ambición no le permitían disfrutar de los muchos éxitos conseguidos a base de esfuerzo; al contrario, dichos éxitos lo inflamaban y enardecían de cara al futuro y le hacían concebir proyectos de mayor envergadura y el deseo de una gloria nueva, como si ya no encontrara aliciente en la que tenía. Esta pasión no era sino una especie de envidia de sí mismo, como si fuera otra persona, y como una rivalidad entre lo que había hecho hasta entonces y lo que había de venir.

Además, él fue una persona que llegó a tener muchísimo poder en su época en Roma, lo cual suscitó, entre otras cosas, envidias y conflictos políticos.

Por tanto, cuando hablamos de la mediación que él realiza entre Cleopatra y sus hermanos debemos entender que Julio César debía poseer algún tipo de afán en que prosperase esa unión política entre los hermanos, seguramente basado en la tradición clientelar que había tenido Roma con Egipto. El interés que tenía César con la reina era político y una forma de asegurar el poder de su gobierno sobre el país del Nilo.

POR EL INTERÉS DE ROMA

Por otro lado, como se puede observar en los sucesos anteriores y durante la guerra civil, cada político tenía sus preocupaciones y alianzas mientras se estaba desarrollando una auténtica lucha por el poder en la cual el propio Julio César participó. En esta guerra por el poder, Julio César gana cuando es nombrado dictador vitalicio en Roma. En este sentido, no debemos entender la ambición y la estrategia política de este personaje como algo excepcional, sino como algo natural de su tiempo y contexto.

En segundo lugar, conocemos que para él fue muy importante la figura de Alejandro Magno, e incluso Plutarco nos cuenta lo siguiente:

> Igualmente se cuenta que, en Hispania, un día de ocio, leía César un libro sobre Alejandro; quedose largo rato ensimismado en sus pensamientos y después rompió a llorar. Sus amigos, asombrados, le preguntaron por qué lloraba, y él les dijo: «¿No os parece motivo de aflicción pensar que, a la edad que tengo, Alejandro reinaba ya sobre tan gran Imperio, mientras que yo todavía no he llevado a cabo ninguna acción brillante?».

Esta motivación por parte del conquistador macedonio probablemente fue mucho más allá de su admiración como militar. Resulta muy significativo que la dinastía ptolemaica había desarrollado en sus inicios, sobre todo durante el siglo III a. C., grandes esfuerzos por mostrarse como legítima heredera de Alejandro. Un ejemplo de ello fue la adquisición del cuerpo de Alejandro para enterrarlo en Menfis y posteriormente en el Soma, en Alejandría. Sabemos que Alejandro Magno seguía enterrado en la ciudad porque Octaviano visita la tumba del macedonio. En cualquier caso, la dinastía ptolemaica —y, por tanto, Cleopatra— poseía un vínculo con este personaje histórico. La dinastía lágida no era únicamente la que gobernaba Egipto en ese momento, sino que, posiblemente, a ojos de César, era la heredera de Alejandro.

Podríamos hipotetizar que quizá este pudo ser uno de los motivos que llevaron, tanto a César como a Marco Antonio, a mantener una buena relación con la reina egipcia. Gracias al prestigio centenario de los faraones en el Mediterráneo y a Alejandro Magno, Egipto merecería su respeto y, por ello, sus reyes no fueron tratados como otras monarquías con las que había tratado la República romana. Sin embargo, debemos tener en cuenta que esta idea es una mera hipótesis.

Este equilibrio entre Roma y Egipto no solo propiciaría una relación diplomática estable, sino que también le daría a Julio César un cierto prestigio, ya que gracias a él el Imperio de Alejandro seguía vivo en cierta medida. Y no solo seguía vivo, sino que se vinculaba con el Lacio.

Por otro lado, quizá la motivación política más importante de César estuvo relacionada con el testamento de Ptolomeo XII y, probablemente, con el dinero que él podía obtener al establecer una buena relación con la reina de Egipto.

Otro de los alicientes de César para mantener una buena relación con Cleopatra debió de ser la riqueza de

Egipto. No debemos olvidar que él había recibido sobornos de su padre, por lo que para él estas tensiones políticas supusieron una fuente de ingresos. Por tanto, al establecer dicha alianza con ella pudo haberse favorecido también económicamente.

Por último, debemos tener muy presente que las figuras de Julio César y Cleopatra han sido muy idealizadas y sobre ellas se han vertido toda clase de opiniones y supuestos desde la Antigüedad hasta nuestros días.

El crucero por el Nilo

Una vez finalizada la guerra de Alejandría que establece la alianza definitiva entre Julio César y Cleopatra, ambos hicieron un crucero por el Nilo, según nos cuentan Suetonio y Apiano mucho después de la muerte de estos personajes. De haberse realizado, sucedió entre abril y mayo del 47 a. C.

No obstante, como bien apunta Stacy Schiff, era habitual llevar a altos dignatarios procedentes de otros gobiernos a un viaje por el Nilo para que conociesen Egipto. Además, los reyes de Egipto desde la dinastía I, una vez que ocupaban el trono, hacían un viaje para establecer lazos con la élite de cada provincia y recaudar impuestos. Por tanto, de haberse realizado este crucero, no fue únicamente para contentar a César, sino también para que la reina se mostrase como tal a lo largo de todo el territorio. Tal como explica Schiff, al viajar junto con César, Cleopatra se habría mostrado como vencedora frente a Ptolomeo XIII y como la depositaria de todo el poder de Egipto.

Este viaje por el Nilo de la pareja pudo haber contribuido a la propaganda política y también a pacificar Egipto después de la inestabilidad dinástica, ya que este viaje no fueron unas vacaciones, sino que subyacía una estrategia diplomática y política para estrechar lazos con las élites locales que existían lejos de la capital. Además, esto no ayudó únicamente a reinstaurar a Cleopatra como reina, también podría haber expuesto la alianza entre Roma y Egipto. Diferentes investigadores coinciden en que este crucero no fue un viaje de placer, como se nos enseña en las fuentes clásicas, sino que constituyó una expedición diplomática.

Asimismo, de estar embarazada en este momento, es posible que Cleopatra utilizase este viaje para anunciar a las élites locales el nacimiento de un heredero al trono de Egipto, y, apoyada por el clero menfita, habría tenido un gran impacto en las relaciones políticas del país.

Poco después, en el verano del 47 a. C., César abandona Egipto para luchar contra los seguidores de Pompeyo en Asia Menor y en el norte de África, ya que la guerra civil continúa. Una vez que finaliza su tarea, se va a Roma, donde celebra cuatro triunfos durante el otoño del 46 a. C. En uno de ellos, participa la hermana de Cleopatra.

Cesarión

Pese a que habitualmente se ha establecido que Ptolomeo XV César (Cesarión) era hijo de Cleopatra y Julio César, ya en la Antigüedad hubo cierto debate sobre si esto era cierto. No obstante, el apodo de Cesarión surgió en Alejandría. Este nombre significaba «pequeño César», por lo que parece indicar que se le consideraba hijo del romano.

Suetonio nos cuenta que la relación entre César y Cleopatra fue muy estrecha y que él se dejó llevar en todo momento por la pasión que sentía hacia la egipcia. Según el escritor, él le permitió que le pusiese su nombre a su hijo. Sin embargo, en Roma existía una disputa sobre si Cesarión era o no el hijo de Julio César, un debate que se apoyaba además en que su aspecto —según algunos— se parecía al de César. Por su lado, Marco Antonio defendió en el Senado que César había reconocido su paternidad delante de él y otros amigos, como Gayo Opio. Sin embargo, Gayo Opio publicó una obra donde decía que el hijo que Cleopatra decía que era de César no era en realidad del romano. Al mismo tiempo, un tribuno de la plebe, Cayo Helvio Cinna, dijo que César le había encargado presentar una ley que le permitiera poder tener varias mujeres para así tener descendencia. Esto que supuestamente dijo Helvio Cinna podría ser real si Julio César hubiese querido casarse con Cleopatra, ya que estaba prohibido tener más de una esposa en la legislación romana. Sin embargo, se ha demostrado que esta supuesta acusación de Cinna fue un rumor y no una realidad. Por otro lado, lo cierto es que César no mencionó a Cesarión en su testamento ni le reconoció como hijo mientras vivía.

Aunque se puso en duda en algunas ocasiones la paternidad de César, lo cierto es que el simple hecho de que Octaviano mandase asesinar a Cesarión tras la muerte de Cleopatra es una prueba de que Octaviano sentía como real esta amenaza. No obstante, también podríamos entender el asesinato de Cesarión desde otro punto de vista, ya que tras la muerte de Cleopatra Cesarión era el legítimo heredero al trono de Egipto y Octaviano se quería anexionar el país a Roma. Durante la guerra entre este y Marco Antonio, se realizó mucha propaganda a favor de la paternidad de César, porque Octaviano era el hijo adoptivo de este. Dicho de otro modo, cada bando luchó por alzarse como el legítimo heredero de Julio César.

También se ha puesto en duda si el año de nacimiento de Cesarión fue el 47 a. C. La prueba definitiva de que nació en dicha fecha está en la estela Louvre IM 8 hallada en el Serapeum de Menfis, donde se dice lo siguiente: «Escrito en el año 5, segundo mes de ajet, día 25, en la fiesta de Isis, que es también el día de nacimiento del faraón». Esta fecha corresponde al 23 de junio del 47 a. C., por tanto, fue después del crucero por el Nilo. El año quinto se refiere al quinto año de reinado de Cleopatra, por lo que, si la reina accedió al trono en el año 51 a. C., coincidiría con este año. Por ello cualquier hipótesis que plantee que Cesarión nació en otro momento de la historia quedaría invalidada.

En el mammisi de Hermontis se celebra el nacimiento de Cesarión como un alumbramiento divino. Así se quería significar que Ptolomeo XV César se consideraba hijo del dios Amón, que se habría presentado bajo la apariencia de Julio César para fecundar a la reina. Esta idea de la fecundación divina existía en Egipto antes de la llegada de los Ptolomeos.

En el templo de Nejbet en el-Kab también se muestra a Cleopatra como la diosa Mut alumbrando a su hijo Cesarión. Esta es la primera vez que una reina ptolemaica se muestra dando a luz al futuro rey. Esta imagen de la creación y alumbramiento de Cesarión otorgaba legitimidad política y religiosa tanto al heredero como a la madre.

De Cesarión nos han llegado diferentes nombres de Horus y varios nombres de nacimiento. El nombre del trono es «heredero del dios que rescata, elegido por Ptah, que ha hecho la maat de Ra, la imagen de Amón».

La visita en Roma y los idus de marzo

Cleopatra fue a Roma por invitación de César junto con su hermano y esposo Ptolomeo XIV y su hijo Cesarión. Según Suetonio, César hizo que Cleopatra fuese a Roma y, una vez allí, él «no la dejó partir hasta que la hubo colmado con los mayores honores y presentes». Ella llegó a la ciudad en el otoño del 46 a. C., justo cuando volvió César de la guerra, y, al contrario de lo que el cine nos ha hecho creer, no hizo una gran entrada en Roma. De hecho, como bien argumenta Erich Gruen, si ella hubiese entrado de esta forma, probablemente hubiese provocado una mala impresión entre los romanos, lo que habría afectado negativamente a la misión de la reina. Prueba de ello es que en las fuentes no se habla de este evento tan cinematográfico, por lo que debemos imaginarla llegando de una forma más sencilla.

Durante su estancia en la ciudad se asienta al otro lado del Tíber, en el Trastévere, dentro de los dominios de Julio César. En Roma, la reina vivió entre lujos como su invitada. Su estancia en esta propiedad, así como su relación con él, garantizaron que ella pudiese beneficiarse de sus contactos políticos, según Gruen.

Julio César aprovechó la ocasión para ser hospitalario. En este contexto, parece que este dispuso una imagen de Cleopatra como Isis en el templo de Venus Genetrix, la diosa de la gens Julia, a la que pertenecía él.

Según Erich Gruen, la estancia en Roma de la reina siempre se ha leído desde el punto de vista de Julio César y no del de Cleopatra. Habitualmente, se han apuntado las motivaciones de él para mantenerla allí, como por ejemplo su deseo de controlar Egipto o asegurarse un heredero. Sin embargo, Gruen señala que debía de existir un motivo de peso para que ella abandonase Alejandría después de todo lo que le costó asegurarse el trono de Egipto; lo que más impacta a este autor es que, al volver a Egipto después de los idus de marzo, tras estar año y medio fuera de Alejandría, no tuviese problemas. Por tanto, debió de existir alguna motivación de peso para quedarse en Roma tanto tiempo.

Según este investigador, los motivos por los cuales Cleopatra aceptó ir a Roma eran de carácter político y diplomático. Era habitual que los reyes de países del Mediterráneo oriental cuya situación interna no era especialmente buena mandasen embajadas —de hecho, en el siglo II a. C., Ptolomeo VI y Ptolomeo VIII fueron a Roma para presionar al Senado, e incluso en el siglo I a. C., su padre, Ptolomeo XII, realizó sobornos para garantizar su poder—. Por tanto, Cleopatra viajó hasta allí, al igual que sus predecesores, para asegurarse contactos entre los romanos e influencia política, así como el reconocimiento internacional y probablemente algún tipo de acuerdo, en concreto, el título de amiga y aliada de Roma.

Además, es posible que uno de los objetivos de su viaje a Roma fuese conseguir que César reconociese a Cesarión como su heredero.

Por otro lado, según Erich Gruen, Cleopatra podría haber resuelto estos asuntos bastante rápido, sobre todo teniendo en cuenta que Julio César era el hombre más poderoso de Roma en aquel momento. Sin embargo, se ha planteado en numerosas ocasiones por qué prolongó su estancia un año y medio, hasta la muerte de este. No obstante, Suetonio dice que una vez que César le concedió todos los honores y regalos, él la mandó de vuelta. Es muy probable que ella fuese en un primer momento en el 46 a. C., arreglase sus asuntos y volviese a Egipto al mismo tiempo que César se iba a la guerra a Hispania, y que volviese antes de la muerte de César. Por tanto, que no fuese una estancia de año y medio, sino que realizase dos viajes en dos ocasiones distintas en año y medio.

Resulta plausible que ella hiciese dos viajes a Roma, uno en el 46 a. C. y otro en el 44 a. C. y que en el 45 a. C. estuviese viviendo en Egipto. Esta hipótesis resulta coherente por dos motivos: el primero, que durante este tiempo Julio César no estaba en Roma y, el segundo, que hubiese sido demasiado tiempo fuera de Egipto teniendo en cuenta los problemas políticos a los que se había enfrentado previamente la reina.

Como bien apunta Erich Gruen:

> Cleopatra no fue una simple depredadora sexual y, ciertamente, tampoco un juguete de César, descansando en sus jardines del Trastévere y esperando lealmente su regreso. Fue reina de Egipto, Cirene y Chipre, heredera de la larga y orgullosa dinastía de los Ptolomeos, y ahora madre profesa del hijo de César, una apasionada pero también muy astuta mujer que había maniobrado en Roma y que maniobraría en Roma nuevamente para promover los intereses del legado ptolemaico.

En suma, no deberíamos imaginarnos a Cleopatra como una mujer que viaja a Roma con el objetivo de mantener una relación amorosa, sino como una reina que se mueve por intereses políticos y diplomáticos en esa ciudad.

Según Dion Casio, Julio César había llevado al Senado muchas leyes, algunas de ellas un tanto duras, pero había conseguido mantener una buena relación con los romanos, pese a las críticas que recibía. Este autor plantea que el gran problema de este fue su relación con Cleopatra:

> Pero recibió la mayor acusación de todas por sus amores por Cleopatra, no los que tenía ya en Egipto (pues esos los conocían de oídas), sino los que tuvo en la propia Roma. Ella había llegado, en efecto, con su marido y se había alojado en la propia casa de César, de modo que también él era tenido en mal concepto por causa de ambos. Pero no le importaba en absoluto, sino que los incluyó entre los amigos y aliados de los romanos.

Por tanto, mientras que Ptolomeo XII había viajado en su momento a Roma y había conseguido el apoyo de este Estado, el viaje de Cleopatra no tuvo la misma consideración debido a la relación amorosa que mantenía con el dictador. De nuevo, la acción política de la reina es eclipsada por su vida íntima.

César se acercaba a sus cincuenta y cinco años. Según cuentan los escritores romanos, su muerte fue precedida por una serie de malos augurios y símbolos que indicaban su final. Por ejemplo, se decía que realizó un sacrificio donde no encontró el corazón del animal, lo cual era una mala señal, entre otros motivos porque los romanos realizaban estos rituales con el objetivo de leer un augurio en las vísceras. Plutarco apunta la celebración de más sacrificios por parte de los adivinos que tampoco salieron bien, por lo que César le dijo a Marco Antonio que disolviese el Senado. Hubo otras señales, como las pesadillas de Calpurnia, su mujer, la noche anterior a su asesinato. De hecho, se cuenta que, antes de partir César, ella le pidió que no fuese al Senado ese día.

Pero Bruto le convence de que no haga caso a estos consejos y que siga adelante. En su camino al Senado, según cuenta Plutarco, Artemidoro, un profesor de griego del círculo de Bruto, le entregó una nota a César cuando iba de camino y le dijo que la leyese cuanto antes. En ella, le advertía del complot urdido contra él; sin embargo, él no consiguió leerla por la cantidad de gente que había en las calles. Suetonio plantea que César ignoró todas estas advertencias porque era consciente de su final y era su deseo acabar de esta forma su vida.

César entró solo al edificio, mientras que Marco Antonio fue entretenido fuera por un tal Bruto Albino para que no pudiese evitar el crimen. Una vez que César llegó al Senado, se sentó en su lugar y le rodearon los conspiradores. El ataque comenzó cuando estaba sentado en su asiento y Tilio Cimbro se le acercó fingiendo que le quería hacer una petición. César rechazó a Tilio y entonces este le tiró de la toga. Aunque el primer ataque no fue mortal, generó un revuelo que puso nerviosos a los conspiradores. Entonces, todos los adversarios desenvainaron su espada y comenzaron a atacarle, al tiempo que Julio César intentaba defenderse. Pese a todo, recibió veintitrés puñaladas, por lo que fue un asesinato muy sangriento. El momento final llegó cuando él, bajo la estatua de su amigo y rival Pompeyo, se cubrió la cabeza con la toga y se dejó caer al ver que Bruto le estaba apuntando con la espada. En ese momento, según Suetonio, César le dijo a Bruto: «¿Tú también, hijo?». No podemos conocer con total seguridad que estas fuesen las últimas palabras del dictador, aunque forman parte de su leyenda.

Después del asesinato, los conspiradores huyeron y su cuerpo quedó abandonado y sin vida hasta que tres esclavos fueron a por él y lo transportaron hasta su casa.

Lépido y Marco Antonio, que eran muy cercanos a Julio César, se escondieron, mientras que los seguidores de Bruto salieron del Senado hacia el Capitolio creyéndose vencedores. Al día siguiente, fueron al foro, donde hablaron a la gente de Roma y arrancaron al Senado algunas amnistías por lo sucedido. Además, el Senado decretó que César recibiría honores divinos y que no se modificarían las decisiones que se habían realizado en su gobierno.

Parecía que los conspiradores iban a salir impunes, pero al abrir el testamento de César se supo que había dejado un legado a los romanos —en concreto, concede a Roma sus jardines del Tíber y trescientos sestercios a cada ciudadano—. Una vez preparado el cuerpo, se procedió a organizar el funeral: para ello, se realizó una pira en el Campo de Marte y se levantó una capilla dorada donde se dispuso un lecho de marfil para colocar su cuerpo con las vestimentas que llevaba al ser asesinado. Los romanos llevaron ofrendas funerarias para César al Campo de Marte y, además, se realizaron allí juegos fúnebres y se cantaron versos en honor al difunto.

Tras ello, se llevaron sus restos al Foro. Parece ser que a los habitantes de la ciudad no les gustó ver el cuerpo del difunto desfigurado. La muchedumbre le incineró allí mismo, haciendo una pila funeraria con los muebles que había en el Foro, y, después, fue a buscar a los asesinos a sus casas, pero no los encontró porque estaban escondidos o huidos; posteriormente, estos abandonaron Roma.

Sobre la salida de Roma de Cleopatra nos habla Cicerón en algunas de sus cartas. Sabemos, gracias a él, que el 16 de abril del 44 a. C. Cleopatra ya se había ido de Roma y se refiere a su salida de la ciudad como «la huida de la reina» con su hijo. No menciona a Ptolomeo XIV. Esto nos indica que ella se dio bastante prisa en abandonar Roma después de la muerte del dictador, lo cual no debe extrañarnos, dado que tenía una vinculación diplomática con César y, además, estaba en Roma como su invitada personal. Cicerón no fue un gran fan de Cleopatra, como tampoco lo fue de César. Pese a que este autor no habla mucho de la reina en su correspondencia, lo poco que dice no es positivo. Cicerón incluso llega a decir en una de sus cartas literalmente «odio a la reina». Esto seguramente se debe a que Cicerón no era especialmente partidario de César, sino de Catón, quien tampoco tenía en buena estima al dictador.

Ese mismo año se produjo otra muerte importante en la vida de Cleopatra, como fue la de su hermano Ptolomeo XIV, en el verano del 44 a. C. Supuestamente, ella le envenenó. Una vez muerto este, Cleopatra VII nombró corregente a su hijo, Ptolomeo XV César.

7
Gestionar el declive
La economía durante el reinado de Cleopatra

Impuestos, deudas y escasez de recursos

Durante el reinado de Cleopatra VII, Egipto no vive precisamente unos años de bonanza económica. En el momento en que la reina llega al poder (51 a. C.), se encuentra un Egipto muy endeudado y con una moneda devaluada. Su padre, Ptolomeo XII, no había dejado una buena situación económica para sus hijos. Al final del gobierno de este, Egipto atraviesa una situación financiera complicada que ella va a heredar. Por tanto, Cleopatra, sobre todo al inicio de su reinado, se encuentra una situación muy grave a la que debe atender. Para entender la cuestión en toda su complejidad, debemos comprender primero cómo era la economía de Egipto en su época.

Durante el periodo ptolemaico, la economía estuvo marcada por una administración egipcia que continuó al mismo tiempo que se introdujo el sistema heleno de gestión; por tanto, hubo una convivencia entre lo egipcio y lo griego también en esta esfera.

Uno de los grandes cambios de los trescientos años de gobierno lágida es la extensión del uso de la moneda en Egipto, por ejemplo, con la imposición del pago de impuestos principalmente en moneda o en plata, aunque esta costumbre se inicia en época saíta (664-525 a. C.). En época ptolemaica, se crea un sistema de bancos en Egipto para la recolección de impuestos en moneda. Sin embargo, aunque se impone su utilización y van a acuñarse un mayor número de monedas en oro, plata y cobre, va a continuar el uso de otros elementos alternativos a la moneda para realizar intercambios, como por ejemplo el trigo o la cebada. Por tanto, continuó, en cierta medida, el pago en especie típico de épocas anteriores. Un ejemplo de ello es que los templos continuarán la práctica egipcia de pagar el salario en especie.

Durante el gobierno de Cleopatra VII, este sistema monetario va a cambiar porque no se potencia la acuñación de moneda de oro, la cual antes de la llegada de la reina había cesado, y se reintroduce la acuñación de monedas de bronce, lo cual provoca que la moneda de plata egipcia esté al nivel del denario romano. Además, la moneda que se acuña bajo su reinado no posee la calidad que tuvieron las acuñadas por sus antepasados.

Si bien el Estado ptolemaico percibía ingresos de las aduanas gracias al comercio —en gran medida por los barcos que llegaban al puerto de Alejandría—, lo cierto es que esta no era su principal fuente de ingresos. Y es que Egipto era una sociedad básicamente agrícola.

Uno de los motivos por los que este país fue tan rico a

lo largo de su historia fue gracias a las cosechas que permitieron una fuente regular de ingresos para la realeza, y esto fue debido a la inundación del Nilo. La inundación en Egipto era muy importante ya en épocas previas, dado que la lluvia no era tan habitual.

Una vez al año, el Nilo se desbordaba en la estación de la inundación (*ajet*) que duraba casi cuatro meses. Durante este tiempo, los campos se cubrían de agua y de limo, un abono natural de color negro. Al irse las aguas y, por tanto, volver el Nilo a su cauce habitual, comenzaba la estación de la siembra (*peret*). Finalmente, llegaba la estación de la cosecha (*shemu*). El calendario egipcio era de doce meses y tres estaciones, cada una de las cuales duraba cuatro meses. Por tanto, una buena cosecha dependía de que hubiese suficiente agua inundando todos los campos para poder nutrirlos y abonarlos.

Para el gobierno era muy importante que las cosechas fuesen buenas porque su economía dependía de la producción agrícola: si había un buen excedente, eso significaba que tendrían suficiente producto para intercambiar, comerciar y pagar en especie; sin embargo, si las cosechas no eran buenas, podría dar lugar a hambrunas.

El impuesto sobre la cosecha fue uno de los más importantes que existía en el antiguo Egipto, ya antes de la llegada de los lágidas. Pese a que tradicionalmente el Estado egipcio era el encargado de recolectar los impuestos de las tierras agrícolas en general, y los templos eran los responsables de solicitar los impuestos de las tierras adscritas a los santuarios, en este periodo el Estado va a terminar encargándose de la administración tributaria de ambos tipos de tierra. De este modo, las tierras de los templos van a ser controladas directamente por el Estado desde finales del siglo III a. C. Los templos continuaron siendo aliados y agentes de la administración egipcia, aunque perdieron su independencia.

El impuesto sobre la producción agrícola era recolectado y se depositaba en los graneros reales de Alejandría, así como graneros de diferentes localidades, donde se almacenaba y se redistribuía para pagar los salarios de las personas implicadas en la administración del Estado.

Al principio del gobierno de Cleopatra hay algunos problemas con las cosechas debido a las inundaciones escasas. Debido a las malas cosechas, durante el inicio de su gobierno (51-50 a. C.), se estipuló que todo el grano recaudado debía ser transportado directamente a los graneros de Alejandría. Además, posteriormente, en el 42 a. C. una crecida escasa provocó hambrunas. Al mismo tiempo que sucedían estas malas cosechas, continuaba la obligación del pago de impuestos, lo que generaba problemas sociales debido al descontento de la población. De hecho, hubo malestar social, revueltas y hambrunas debido a las malas cosechas y al elevado pago de impuestos.

Asimismo, en época ptolemaica se habían añadido algunos impuestos individuales que eran controlados por medio de censos y que aumentaban la carga impositiva sobre el pueblo.

En suma, Cleopatra tuvo que ajustar el pago de impuestos, conseguir que la moneda volviera a ser estable y

El único documento escrito por Cleopatra

El Papiro Bingen 45 es el único documento que nos ha llegado que se considera escrito por Cleopatra. Este papiro se encontró en Abusir el-Melek, aunque se produjo probablemente en Alejandría, y, actualmente, se puede visitar en el Ägyptisches Museum und Papyrussammlung de Berlín.

El papiro está ciertamente dañado, partido por la mitad, por lo que hay algunas partes que no están del todo claras. El motivo por el cual está estropeado se debe a que se encontró dentro de un cartonaje de momia en Abusir el-Melek.

El cartonaje era un material que utilizaban los egipcios en el ajuar funerario, sobre todo a finales del I milenio a. C. Con este material se realizaban máscaras, pectorales, decoración para recubrir los pies o piernas, incluso encontramos cartonajes que revisten todo el cuerpo del difunto. Estos cartonajes se hacían con lino o papiro que se recubría con estuco y que, mientras estaba húmedo, se pintaba. Quizá es más habitual encontrar cartonaje realizado con lino, sin embargo, en algunos casos, los egipcios cogían papiros que ya no servían y los utilizaban para esto. Es decir, los papiros se reciclaban y se reutilizaban para crear estos objetos. Este es el caso del cartonaje que nos ocupa, y este es el motivo de que no nos haya llegado el documento intacto.

El papiro está escrito en griego, lo cual es lógico, teniendo en cuenta que era la lengua administrativa del país en su época, y está datado el 23 de febrero del 33 a. C.

En el documento, Cleopatra realiza una ordenanza por medio de la cual da privilegios financieros a un romano que poseía tierras en Egipto, pero que no vivía en ellas. Este tipo de propietarios romanos fue habitual en el Egipto de la época. En el papiro se le exime del pago de impuestos. Esta exención incluía el pago de tasas sobre las importaciones y todas las relacionadas con la tierra que poseía. En concreto, se le perdonaba indefinidamente el pago de diez mil *artabas* de grano, que equivalen a trescientas toneladas de cereal, y de cinco mil ánforas de vino para comerciar. Además, el documento no solo beneficiaba al propietario, sino también a sus arrendatarios, a los cuales se los eximía de realizar trabajo de corvea (trabajo obligatorio para el Estado) y de algunos impuestos, como eran los derivados del ejército. Asimismo, el ejército tampoco podría disponer de sus animales y de sus barcos. Por tanto, el beneficio económico para este sujeto fue considerable, sobre todo teniendo en cuenta que la situación económica de Egipto no era la ideal.

Aunque no está del todo claro quién es el propietario al que se beneficia en la carta, se ha planteado que probablemente fue Publio Canidio Craso, un general romano cercano a Marco Antonio, o quizá Quinto Cascelio. El motivo por el cual se ha querido interpretar que Publio

Canidio era el destinatario es porque Plutarco habla de este general y de cómo Cleopatra Intenta sobornarle en diferentes ocasiones para que apoye a Marco Antonio.

El texto parece que fue escrito por tres manos, algo que los papirólogos han podido apreciar, por lo que, aunque ella dio la orden y dictó el documento, debemos tener en cuenta que no fue la única implicada en hacer el escrito. La primera mano es la que escribe, arriba de la carta, la fecha en que fue recibido el documento. La segunda es la que redacta el cuerpo del documento legal. Y la última mano es la que se cree que es la de Cleopatra.

Pese a que hay cierto debate sobre si esta carta fue escrita de su puño y letra, todo apunta a que ella fue la encargada de ordenar su redacción, porque otros políticos de la época también escribieron sus propios documentos, los firmaron y porque además ella se implicó directamente en la política y administración del país, por lo que no es descabellado asumir que fue ella la que lo escribió, y no un escriba de Egipto en su nombre. Uno de los argumentos a favor de que ella es la autora de este documento es que probablemente los escribas reconocerían su letra. Aunque no posee firma como tal, sí que se dice en griego «haz que suceda» (γινέσθωι), y esta parte es la que se ha planteado que estuviese escrita de la mano de la reina directamente.

En cualquier caso, en el cuerpo del texto queda claro que es una orden real, ya que en el documento se dice claramente lo siguiente, aunque el final de la frase se haya perdido:

> También hemos garantizado exención de impuestos a toda la tierra que él posee en Egipto, entendiendo que él no pagará ningún impuesto, ni a la cuenta del Estado ni a mi cuenta privada.

Gracias a esta oración se deduce que es la reina la que está diciendo que no va a pagar tampoco ningún impuesto a las arcas privadas de la realeza, distinguiendo de esta forma las cuentas del Estado y las de los reyes. Se ha planteado que en esta parte que se ha perdido podía seguir «y a la de mis hijos» o «y a la de Cesarión».

No nos debe extrañar que Cleopatra se implicase directamente en la redacción de este documento, ya que era algo propio de la época y, además, ella debió de participar en este tipo de asuntos políticos y económicos como gobernante.

¿Cleopatra se bañaba en leche de burra?

La idea de que Cleopatra se bañaba en leche de burra alimenta la imagen de la reina como una mujer seductora, preocupada por su aspecto físico y, sobre todo, derrochadora, al invertir todos esos recursos en el cuidado de su persona.

Sin embargo, pese a que existe la idea de que la reina se bañaba en leche de burra, ninguna fuente antigua dice que lo hiciese. No obstante, en la cultura egipcia se conocían los beneficios de esta leche: en el Papiro Ebers, que es un texto médico escrito en torno al 1550 a. C., sí que se aconseja la utilización de la leche en algunos remedios para la salud, incluso se recomienda su uso en cosmética facial, aunque en ningún momento se habla del baño en leche de burra. Pese a que los egipcios pudiesen conocer estos supuestos beneficios, no podemos por ello presuponer que la reina la utilizase con un fin cosmético. Además, no hay ninguna fuente contemporánea a Cleopatra que nos hable de que realizase estos baños.

Por otro lado, es importante tener en cuenta que Galeno cita un tratado de dermatología escrito por Cleopatra. Sin embargo, desconocemos si esa Cleopatra es la reina o, si, por el contrario, es otra mujer, ya que el suyo era un nombre habitual en la época. No sería de extrañar que hubiese escrito un tratado, ya que sabemos que los reyes de esta dinastía eran eruditos; no obstante, no hay ninguna prueba de que hubiese sido ella la autora. Además, ya desde las fuentes antiguas se ha ensalzado la supuesta banalidad de la reina, así como su capacidad de seducción, por lo que plantear que esta mujer se bañaba con leche de burra daría más argumentos para pensar que era una persona que cuidaba su cuerpo como un arma de poder.

Sin embargo, aunque no hay ninguna fuente de la época de Cleopatra ni posterior que hable de estos baños, sí que hay textos que dicen que Popea Sabina, la segunda esposa de Nerón, se bañaba en leche de burra y que tenía quinientas burras únicamente para conseguir leche para sus baños. Según Plinio, las mujeres romanas del siglo I

d. C. la utilizaban para aplicársela en el rostro por su efecto cosmético. Popea empezó a bañarse en leche de burra y parece que sentó un precedente. Por tanto, se ha planteado que se transfiriese esta idea del baño en leche de burra de Popea a Cleopatra en época contemporánea.

Como bien señala Ursin en su investigación, la relación entre Cleopatra y los baños con leche de burra comienza a aparecer en el siglo XVIII y se ve reforzada por la aparición de esta práctica en las novelas históricas que trataban sobre ella. Este planteamiento se refuerza en el siglo XX, cuando se crean películas sobre Cleopatra que recrean esta escena —en concreto parece que se afianza en la película protagonizada por Elizabeth Taylor en 1963—. A partir de los años sesenta se le ha atribuido esta práctica, aunque —como ya hemos comentado— no tenemos pruebas de que esto fuese real. Además, no debemos olvidar que esta creencia ha dado un argumento a la industria cosmética, ya que todos aquellos tratamientos que llevan leche de burra se consideran prestigiosos al situar su origen en la Antigüedad.

En resumen, no debemos imaginar a Cleopatra como una gran derrochadora, preocupada por el cuidado de su cuerpo, como algunos autores contemporáneos han querido hacer ver, aunque, muy probablemente cuidaría de su higiene e imagen.

8

La leyenda de los amantes

La alianza con Marco Antonio

El encuentro entre Marco Antonio y Cleopatra

Pese a que siempre se habla del fantasioso encuentro entre Cleopatra y Marco Antonio en Tarso, lo más probable es que se conociesen mucho antes en Roma. Desde que muere Julio César hasta que inician una relación, suceden algunos acontecimientos del todo relevantes que conviene comentar antes de hablar de cómo se encontraron la reina y el prestigioso militar y político Marco Antonio.

En primer lugar, Cleopatra VII gobierna en Egipto, por tanto, ella tiene en ese momento el control absoluto, aunque comparta el poder con su hijo de tres años. Tras la muerte de César, le interesa conseguir el apoyo romano y posiblemente que se reconozca a Cesarión como hijo legítimo del dictador. En el año 43 a. C. realiza un pacto con Dolabela: ella le envía las cuatro legiones que hay en Egipto a cambio de que él reconozca a Cesarión como rey de Egipto y sucesor de Ptolomeo XIV. Sin embargo, una vez enviadas las tropas, el comandante de una de las legiones decide prestar apoyo a uno de los asesinos de César, Casio, una decisión con la que ella no comulga. Ese mismo año se establece lo que conocemos como Segundo Triunvirato (43-38 a. C.), que fue una coalición entre Octaviano, Marco Antonio y Lépido por cinco años. De esta forma, unen fuerzas para enfrentarse a Bruto y a Casio.

Finalmente, en el otoño del 42 a. C., los triunviros vencen a Casio y a Bruto en la batalla de Filipos, por lo que se reparten el poder entre los tres y Antonio se establece en el este del Mediterráneo. No obstante, Marco Antonio se muestra como el verdadero ganador de esta batalla. Este es un acontecimiento muy importante, porque es lo que va a favorecer el encuentro entre la reina y Antonio.

En segundo lugar, al mismo tiempo, entre el 43 y el 42 a. C., hay épocas de malas cosechas en Egipto por un problema con la crecida de las aguas del Nilo, por lo que la situación económica dentro del país no era buena como ya hemos comentado previamente. Parece ser que en Roma la situación no fue mucho mejor, ya que en el 44 a. C. había invadido la península itálica una nube por una explosión volcánica en Alaska que llegó hasta Roma y habría provocado una bajada de las temperaturas que también afectó a la producción agrícola.

Cleopatra y Marco Antonio se encuentran en Tarso, en Cilicia, cuando él está librando una guerra contra los partos y decide en ese momento pedirle a Cleopatra que se presente allí para que ella le explique si es cierto o no que había estado financiando la guerra de Casio. Ella no

LA LEYENDA DE LOS AMANTES

había participado intencionadamente, pero una de las legiones que envía a Dolabela se había posicionado a favor de Casio. Sin embargo, parece que esto fue una excusa y que el verdadero interés de Marco Antonio era conseguir el apoyo de la reina en su lucha contra los partos. Como bien apunta Plutarco, se van a encontrar cuando ella es una mujer ya experimentada de veintiocho años. En su viaje lleva toda una serie de regalos y dinero para obsequiar a Marco Antonio.

Una vez en Cilicia, marcha en una embarcación por el río Cidno hasta encontrarse con Antonio. El barco, según Plutarco, tenía la popa dorada, velas de color púrpura y remos con asidores de bronce. Según Gustavo García Vivas, es muy probable que el navío tuviese estas características, aunque no sería de un gran tamaño, sí sería lujoso y poseería una popa dorada y unas velas púrpuras.

Esta llegada no fue en silencio, ya que en el barco había música. La reina estaba bajo la sombra de un baldaquín y ella se había mostrado como Afrodita, que los griegos la equiparaban con Isis. La vinculación de la reina con Afrodita no debe extrañarnos, ya que las reinas ptolemaicas se identificaron con esta diosa, y, además, porque previamente, poco después del nacimiento de Cesarión, ella había acuñado monedas donde se la mostraba como Afrodita, y a su hijo en brazos, como Eros. En la embarcación también había niños imitando a los amorcillos que acompañaban a la diosa. Además, sus doncellas se habían vestido como nereidas y gracias. Al ver esta pompa empezó a correr el rumor de que Afrodita había

CLEOPATRA

llegado a reunirse con Dioniso «por el bien de Asia». Este fue el inicio de la historia de amor entre estos dos amantes, a partir de entonces se generan toda una serie de leyendas en torno a su pasión.

Al ver él toda esta pompa, la invita a cenar, pero ella insiste en que sea Antonio el que vaya donde está ella, y, al día siguiente, él la invita a ella, pero no consigue equiparar el lujo con el que Cleopatra le recibe. Según Dion Casio «quedó prendado de ella, y ya no le importó nada su reputación, sino que era esclavo de la egipcia y dedicaba todo el tiempo a su amor con ella». Esta relación sexual entre ambos es innegable porque meses después Cleopatra da a luz a sus gemelos.

En este encuentro, Marco Antonio solicita a Cleopatra ayuda en su lucha contra los partos, a lo cual ella accede a cambio de que asesine a su hermana Arsínoe, a lo que él accede. Arsínoe, finalmente, perece en Éfeso, donde se refugiaba. Sin embargo, Dion Casio adorna este intercambio de intereses como una muestra del amor de él hacia ella.

Asesinada su hermana, Marco Antonio se marcha a Egipto invitado por Cleopatra, lo cual provoca inestabilidad en las fronteras asiáticas de Roma. Este viaje a Alejandría no lo hacen juntos, ya que Cleopatra se había marchado previamente.

En el invierno del 41 y 40 a. C., Antonio fue el invitado de la reina en la ciudad. Durante su estancia en Alejandría, la pareja va a hacer grandes fiestas —de hecho, van a fundar una asociación llamada los Vividores Inimitables, la cual posiblemente tuviese un carácter dionisiaco y que desde el 30 a. C. se llamará Amigos hasta la Muerte—. Además, en este año, en el 40 a. C., Cleopatra está embarazada de él y acaba dando a luz a gemelos.

¿Por qué a Marco Antonio le interesaba Cleopatra?

Al igual que hemos comentado los posibles motivos por los que a Julio César le interesó mantener una relación estrecha con Cleopatra, es fundamental intentar dilucidar cuáles fueron las motivaciones que llevaron a Antonio hacia los brazos de la egipcia. Intentar indagar sobre estas cuestiones nos puede ayudar a distanciarnos de la imagen de Cleopatra como una embaucadora y entender las razones por las que Antonio estuvo dispuesto a perderlo todo. Como veremos a continuación, el amor y la pasión no fueron tan determinantes en las decisiones de Antonio. Cleopatra y el triunviro fueron amantes y aliados, con intereses y motivaciones que iban más allá del dormitorio, porque ambos ansiaban mantener su poder en sus respectivos países.

En primer lugar, la rivalidad entre los dos triunviros, Octaviano y Antonio, jugó un papel protagonista en esta cuestión. Mientras que Octaviano se consideraba heredero de César, Cleopatra tenía al que podía ser el hijo legítimo del dictador. Por tanto, Cesarión cumplió un rol en la legitimación política de Antonio.

Dion Casio explica por qué Marco Antonio favorece a

la reina y a Cesarión: «Pues decía que tanto la mujer como el hijo lo eran realmente del primer César, y explicaba que había decidido hacer eso como homenaje a César; pero era para desacreditar a César Octaviano, porque era hijo adoptivo y no hijo natural de César». En estas líneas, el autor romano deja entrever que lo que le interesaba, entre otras cosas, era legitimar a Cesarión como heredero de Julio César, lo cual también sería una herramienta política en su guerra contra el triunviro.

Por otro lado, también es Dion Casio el que nos habla de los excesos y de las preferencias de Marco Antonio. Este autor nos dice que Antonio estaba en Egipto, aunque seguía al día de los asuntos de Roma, pero que no intervenía en nada, ya que se dejó llevar por el amor y las borracheras, en definitiva, por el desenfreno en el que vivía. En este sentido, a diferencia de Julio César, Antonio era, según lo muestran las fuentes antiguas, un hombre dado al placer del cuerpo.

Sin embargo, posiblemente la principal motivación que tuvo Antonio a la hora de establecer una relación con la reina fue el dinero. Cleopatra apoyó económicamente a Marco Antonio en numerosas ocasiones, sobre todo a partir del año de nacimiento de su tercer y último hijo. Ejemplo de ello es la donación que recibió de ella durante su lucha contra los partos, especialmente en la campaña del 36 a. C., cuando ella acude a finales de ese año a la costa libia para ayudarle, ya que la guerra había sido un completo desastre y había perdido una gran cantidad de hombres. Como bien apunta Rosa Cid, probablemente

Antonio se dio cuenta de los recursos que podría proporcionarle Egipto para sus campañas en el este del Mediterráneo.

Tampoco podemos olvidar los intereses que debió de tener ella en establecer una relación con Marco Antonio, más allá de lo sentimental. Como bien apunta Gustavo García Vivas, seguramente el objetivo de sus alianzas con los romanos era el de mantener el reino ptolemaico con el apoyo de Roma. De esta forma podría mantener las fronteras controladas y la paz dentro de su territorio.

Actualmente estamos muy influenciados por una visión romántica del amor y del matrimonio; sin embargo, a lo largo de la historia hubo muchos matrimonios que no eran fruto del interés amoroso, sino de otro tipo de motivaciones. En este caso estamos hablando de un interés económico y político, por lo que Cleopatra representaba y por la financiación que ella realizó de muchas causas romanas. Por tanto, posiblemente, a los romanos también les interesó mantener cierta independencia de Egipto, porque ella sostenía también sus intereses, los cuales implicaban un gasto militar. Debemos dejar de imaginar a Cleopatra y a Marco Antonio como una pareja de amantes únicamente, probablemente se quisieron y tuvieron intimidad, prueba de ello fueron los hijos que tuvieron en común. Ambos personajes no fueron únicamente amantes, también establecieron una alianza política y económica de la cual se beneficiaron mutuamente.

Los hijos de la reina con Marco Antonio

En primer lugar, Marco Antonio estuvo casado no solo con una mujer, sino con tres mujeres romanas diferentes, aunque aquí solo nos preocupan dos, que son las que coinciden con la reina de Egipto.

En el 47 a. C. se casó con Fulvia, con la que tuvo dos hijos, Marco Antonio Antilo y Julio Antonio. Fulvia fue una mujer muy influyente en Roma, sobre todo en el 41 a. C., cuando, aliada con el hermano de Antonio, Lucio Antonio, se había enfrentado a Octaviano, ante el cual finalmente se rinde en el 40 a. C. Fulvia fue una mujer que rompió ciertos paradigmas en su momento, ya que reclutó y organizó tropas, algo que se alejaba completamente de lo que se esperaba de una mujer romana.

El encuentro entre Cleopatra y Marco Antonio en Tarso se produce en un contexto de cierto distanciamiento en el matrimonio de este con Fulvia, no solo físicamente, sino también vitalmente.

Resulta curioso observar cómo, a partir del 44-43 a. C., Cicerón muestra a Fulvia como una mujer peligrosa y sexualizada. Lo cierto es que en Roma se la despreciaba por su ambición y su crueldad.

Marco Antonio y Fulvia se ven por última vez en el 40 a. C., después de un tiempo separados, en Atenas, aunque ella se acaba marchando a Sición, y Antonio, por su parte, se va a solucionar sus problemas con Octaviano. Una vez separados, ella muere por una enfermedad, según Dion Casio.

LA LEYENDA DE LOS AMANTES

Posteriormente, Antonio se casa con Octavia, hermana mayor de Octaviano, con la cual tendrá también descendencia, en concreto dos hijas: Antonia Menor y Antonia Mayor. Octavia había enviudado más o menos al mismo tiempo que Antonio, y, aunque tiene hijos de su marido difunto, se convierte rápidamente en una mujer muy deseada en toda Roma.

Antonio se compromete a casarse con la hermana de Octaviano tras la firma del Tratado de Bríndisi en septiembre del 40 a. C. Parece ser que en el tratado se estipulaba que Antonio tenía que casarse con Octavia. Esta mujer va a ser un personaje clave en la conciliación y en la disputa entre estos dos hombres. La imagen de Octavia era la de una matrona romana ideal. En definitiva, era un matrimonio que daba buena imagen a Antonio. Como señala Rosa María Cid López, Antonio tenía fama de mujeriego, se rumoreaba que le gustaban las actrices y las prostitutas, era derrochador y aficionado a la bebida, aunque también era un amigo leal y valiente. Por tanto, este matrimonio le ayudaba a limpiar su imagen.

No nos debe extrañar esta decisión, ya que era habitual que se resolviesen problemas políticos con matrimonios concertados. Plutarco nos cuenta que Antonio no negó su relación con la reina, pero se justificaba diciendo que era una estrategia para conquistar Egipto. Al mismo tiempo, se beneficiaba de su casamiento con Octavia por mantener una vinculación familiar con la gens Julia y porque, dado el carácter de Octavia, se esperaba que con su matrimonio dejara atrás el exceso y el oropel que le

CLEOPATRA

había proporcionado la relación con la reina de Egipto. Este matrimonio favoreció tanto a Antonio como a Octaviano al principio del triunvirato. Es posible que Octavia actuase como mediadora en algunas ocasiones entre los triunviros, como en el Tratado de Tarento del 37 a. C.

La relación entre Antonio y Cleopatra se prolongó desde el 41 a. C. hasta su muerte, aunque entre medias pasaron algún tiempo separados. Sin embargo, debemos tener presente que en las fuentes antiguas se exageran en muchas ocasiones el libertinaje y los excesos de Marco Antonio como parte de una propaganda política a favor de Octaviano y de los emperadores romanos posteriores. Por tanto, hay que ser cuidadosos al asumir como veraces ciertas apreciaciones sobre su persona y sobre la relación de este con la reina de Egipto. Esta imagen de la pareja como dos grandes enamorados se la debemos sobre todo a Shakespeare, que, en su obra *Antonio y Cleopatra*, los retrata como dos amantes entregados.

Es muy posible que ambos entendiesen muy bien cuáles eran sus obligaciones políticas y qué era lo que necesitaban para continuar con su liderazgo. De hecho, como hemos podido observar anteriormente, a ella le interesó muchísimo establecer lazos políticos con los romanos, de ahí que financiase muchas de sus campañas.

La pareja tuvo tres hijos que Marco Antonio reconoció como suyos, lo cual no gustó en Roma. Además, les concedió territorios, lo cual levantó ampollas en Roma.

En el 40 a. C., el romano y la egipcia tuvieron a los gemelos Alejandro Helios y Cleopatra Selene. Sin embargo, en ese mismo año, Antonio se va a resolver asuntos fuera de Egipto y no volverá a ver a Cleopatra hasta tres años después. Volverá a encontrarse con ella a finales del 37 a. C., una vez renovado el triunvirato y cuando él se marcha hacia el este para enfrentarse a los partos, para lo cual requiere el apoyo de Egipto. Cleopatra parece que aprovechó esta ocasión para solicitarle que, a cambio de la ayuda, se reconociese a Cesarión como heredero de Julio César y a los gemelos como hijos de Antonio, que se le entregasen algunos territorios a Egipto, el envío de la biblioteca de Pérgamo y, además, que se casase con ella. Es posible que se efectuase un matrimonio entre ambos, aunque nunca fue reconocido por Roma. Una vez aceptadas sus peticiones, Cleopatra le ayudó en su lucha contra los partos. Para Antonio era importante la guerra contra el Imperio parto porque anteriormente Julio César y Craso habían intentado vencerlo, por lo que de hacerlo él se hubiese posicionado por encima de otros triunviros —habría triunfado allí donde dos grandes hombres fracasaron—. No obstante, su lucha contra los partos fue un fracaso.

Debido a la ayuda prestada, Antonio pasa el invierno del 37 al 36 a. C. con Cleopatra y, en este momento, engendran al tercer hijo de los dos. En el 36 a. C., Cleopatra VII da a luz a su cuarto hijo Ptolomeo Filadelfo.

Política y guerra con Antonio desde el 36 a. C.

El año 36 a. C. supone un punto de inflexión en la relación de Cleopatra y Antonio. En este momento él reconoce a los hijos que ha tenido con la reina egipcia. Además, dentro de la propaganda política, vinculan a Alejandro con el dios Helios, el dios del sol griego, y a su hija Cleopatra con Selene, que dentro de la mitología griega se identificaba con la luna. Por tanto, Alejandro Helios y Cleopatra Selene al recibir estos nombres se legitimaron política y religiosamente como miembros de la dinastía ptolemaica. Por otro lado, el último hijo, Ptolomeo, recibió el epíteto de Filadelfo para vincularle políticamente con Ptolomeo II, uno de los grandes reyes de la dinastía lágida.

Las cesiones de Antonio a Egipto de territorios en la península arábiga, el Levante mediterráneo, zonas de Creta, Cirene y Chipre le valieron las críticas del Senado romano. No obstante, gran parte de estos territorios ya eran de la reina, por lo que no supuso un gran cambio. Esta decisión política fue muy positiva para Egipto, ya que recuperaron regiones que habían sido previamente dominadas por los Ptolomeos, pero desde el punto de vista de Roma fue mal visto. En cualquier caso, supuso un punto de inflexión en el gobierno egipcio.

Además, a partir del año 36 a. C. se muestran los dos como pareja en las monedas de Egipto; también observamos el rostro de Cleopatra en las que se acuñan en Antioquía, un territorio bajo el control de Antonio. Se considera un punto de inflexión dentro del gobierno tan importante que incluso se establece una nueva cronología: en algunos documentos se refieren al año 16 de reinado de Cleopatra como el año 1 de reinado, por lo que se reinicia. En el antiguo Egipto los años se contaban por años de reinado, por lo que las fechas siempre dependían del tiempo que llevaban gobernando los monarcas. Esta alianza establece una unión en el este del Mediterráneo, ya que los dos poseían territorios en esta zona y juntos unen fuerzas.

En este mismo año, Antonio fracasa en su lucha contra los partos, por lo que Cleopatra debe acudir a rescatarle, aunque no lleva consigo suficiente dinero, por lo que Antonio debe poner la parte que resta para pagar sus deudas.

Durante ese mismo año, Lépido deja el triunvirato, lo cual provoca que la tensión de los siguientes años se desarrolle entre Octaviano y Antonio.

En el año 35 a. C. continúa la guerra de Antonio contra los partos en Armenia, esta vez acompañado de Cleopatra. Para rivalizar con la egipcia, Octavia le envía refuerzos. Pero no mandaba simplemente tropas, sino que ella misma se pone de camino, ya que le había pedido permiso a su hermano para dejar Roma y este se lo había concedido. Antonio se encontraba en estos momentos acompañado de Cleopatra, por lo que le interesaba mantener a ambas mujeres alejadas.

Cuando llega a Atenas, Octavia recibe una carta en la cual se le pide que se quede en la ciudad griega. Octavia, que no quería rendirse, manda a Nigro para que interceda por ella ante Antonio y le indique adónde debe enviar todo lo que había llevado. Plutarco nos cuenta que había ido con dos mil soldados bien equipados, bestias de carga, dinero, equipaje para los soldados de Antonio y regalos. En este momento, Cleopatra, según Plutarco, se esfuerza por embelesar a Antonio y se muestra, además, triste, para controlarle.

Finalmente, Antonio decide retrasar la campaña contra los partos y firma un acuerdo a través del cual se decide que Alejandro Helios, que todavía era un niño, se casaría en el futuro con la princesa de Media, Iotape, hija única y única heredera. Este acuerdo de matrimonio entre sus hijos en el 34 a. C. formaba parte del deseo de establecer la paz con Media.

La decisión de alejar a Octavia fue interpretada por Octaviano y su propaganda como una ofensa. A su vuelta a Roma, Octavia permaneció en casa de Antonio y siguió cuidando a sus hijos y a los que este había tenido con Fulvia.

En el 34 a. C. Antonio hace prisionero al rey Artavasdes y le lleva a Alejandría, donde celebra un triunfo en otoño de ese mismo año para festejar su victoria sobre Armenia. El triunfo romano tenía unas implicaciones religiosas debido al protagonismo del dios Júpiter en este evento, por lo que no era únicamente un momento de celebración por la victoria del general en cuestión. El hecho de celebrar el triunfo en Alejandría no fue bien visto por los romanos. No obstante, no tuvo las mismas implicaciones que si lo hubiese realizado en Roma, ya que la celebración de Alejandría tuvo una connotación dionisiaca.

En este triunfo de Marco Antonio en Alejandría se realizó una procesión dionisiaca, donde se mostró a Marco Antonio con los atributos del dios Dioniso, con el tirso y una guirnalda de hiedra. Dioniso era una divinidad muy relevante en la dinastía ptolemaica, por lo que no fue casual que decidiese mostrarse como él. En esta celebración, Antonio se encontró con Cleopatra en el templo de Serapis de Alejandría, donde ella estaba sentada en un trono dorado. Sobre esta celebración volveremos a hablar posteriormente.

En este mismo año, Antonio y Cleopatra se presentaron juntos en el gimnasio de Alejandría, donde él repartió territorios entre sus hijos. Este evento es conocido como las donaciones de Alejandría. Según Plutarco, esta ceremonia hizo que se odiase más a Antonio en Roma. El romano llenó el gimnasio y dispuso allí dos tronos de oro para sentarse junto con la egipcia. En este acto nombra a Cleopatra «reina de reyes», de Chipre, Libia y Celesiria, cedida a Egipto en el 36 a. C. A partir de esta aparición, Cleopatra se mostrará como la «nueva Isis». En este evento hicieron público que Cesarión era «rey de reyes» y, según Dion Casio, le reconocieron como hijo de César para desacreditar a Octaviano. Al realizar este movimiento intenta dañar la imagen de Octaviano como heredero de César. Octaviano, como hijo adoptivo de César, había accedido a su herencia y a ser el jefe de la gens Julia. Por tanto, si había un hijo legítimo de César, Octaviano podría no ser reconocido como su legítimo heredero. Con este acto, al reconocer a Cesarión como su hijo, cambiaba completamente las tornas del juego hasta ese momento, porque ningún romano anteriormente había reconocido que el egipcio fuese hijo de Julio César.

Asimismo, en esta ceremonia Antonio otorga territorios a los hijos que había tenido con la reina. A Alejandro Helios le da Armenia, Media y otros territorios en la zona del Éufrates que todavía debía conquistar. Cleopatra Selene recibe Cirene y Libia. Y, por último, a Ptolomeo Filadelfo se le concedió Fenicia, Cilicia y Siria.

Como bien explica Gustavo García Vivas, este acto público tuvo como objetivo buscar la aprobación del pueblo, de ahí que llenase el gimnasio con gente. Esto fue muy importante en el momento, ya que la relación entre los gobernantes y los gobernados en la Edad Antigua era mucho más estrecha de lo que es ahora. Por tanto, esto no es un mero acto público, sino también la búsqueda del apoyo de los súbditos de Egipto.

Además, parece ser que, como parte de las festividades de este mismo año, Antonio y Cleopatra se casan. Esto supone un problema, ya que él seguía casado con Octavia, una mujer muy respetada en Roma y hermana de su rival Octaviano. Por tanto, el matrimonio con la egipcia no es reconocido por la ley romana, aunque sí es aceptado dentro del reino ptolemaico y en los territorios que ahora los dos dominan juntos.

No obstante, Gustavo García Vivas apunta que no podemos hablar de matrimonio entre Antonio y Cleopatra.

Es posible que en Egipto se considerase que estaban casados, ya que vivían juntos y, según la tradición egipcia, no había ningún tipo de rito matrimonial, sino que para casarse lo único que había que hacer era convivir. Por otro lado, el autor señala que, si en la dinastía lágida se imponía el derecho macedonio, entonces se «aceptaba una cierta poligamia real». Además, al hablar del matrimonio de Cleopatra y Antonio hay una unión sagrada, debido a la identificación de estos con Afrodita/Isis y Dioniso/Osiris, respectivamente.

Debemos tener presente que, aunque Antonio fue consorte de Cleopatra y juntos tuvieron descendencia, lo cierto es que no podemos considerar a Antonio como rey de Egipto, ya que la pareja gobernante era la formada por Cleopatra VII y Ptolomeo XV César.

La tranquilidad no duró mucho tiempo, ya que las tensiones políticas y bélicas se dispararon en el 33 a. C. En este contexto, Octaviano comienza una gran campaña propagandística en contra de la pareja, con el objetivo, sobre todo, de desacreditar a Marco Antonio. Entre otras cosas, se dice que Antonio bebe demasiado, se le acusa de mantener relaciones sexuales fuera del matrimonio —a lo cual Antonio le contesta en una carta que no está casado con la reina y naturaliza la sexualidad fuera del matrimonio— y se le culpa de estar gobernando Egipto, una denuncia del todo falsa, porque los reyes —como hemos visto— eran Cleopatra y Cesarión.

Estas tensiones aumentaron considerablemente en el año 32 a. C. por varios motivos; el principal fue que a finales del año 33 a. C. había concluido el pacto del triunvirato, lo cual dio lugar a un conflicto directo entre los ahora extriunviros.

En este momento, en la primavera del 32 a. C., Cleopatra y Antonio se fueron a Samos, y, además, Antonio pidió el divorcio a Octavia.

En verano, Domicio Enobarbo y Sosio, que eran amigos de Antonio, fueron atacados por Octaviano en el Senado. Los cónsules de este año eran Enobarbo y Lucio Munacio Planco. Parece ser que Enobarbo estaba presionando a Antonio para que solucionase las tensiones como una cuestión romana, mientras que Planco halagaba a Cleopatra. Sin embargo, Planco acabó apoyando a Octaviano al cambiarse de bando.

En este contexto, Octaviano logró hacerse con el testamento de Antonio. Este conocía el contenido del mismo gracias a la traición de Ticio y Planco a Antonio, por lo que Octaviano decide acudir a la casa de las vestales, donde estaba depositado, para hacerlo público. Parece ser que al quitarle a las vestales el testamento de Antonio, Octaviano cometió una ilegalidad, ya que no estaba permitido abrir el testamento cuando una persona todavía estaba viva.

Una vez leído el documento, acudió al Senado, donde lo expuso. En este momento Calvisio acusó, entre otras cosas, a Antonio de haber donado doscientos mil libros de la biblioteca de Pérgamo a Cleopatra, lo cual parecía una suma demasiado elevada y probablemente exagerada. No obstante, Plutarco nos indica que la mayor parte de estas denuncias de Calvisio contra Antonio fueron falsas. En su testamento, Antonio pedía que, si moría en Roma, su cuerpo fuese enviado a la reina egipcia para ser enterrado con ella, lo cual supuso un gran escándalo.

Gracias a la lectura del testamento de Antonio, Octaviano consiguió que la opinión pública estuviese en contra de Marco Antonio y, además, que surgiesen todo tipo de rumores sobre su rival.

Enobarbo y Sosio decidieron abandonar Roma y se marcharon a Éfeso, donde se encontraron con Antonio. En su huida, los acompañan otros trescientos senadores. Como bien apunta Gustavo García Vivas, resulta bastante curioso que, al mismo tiempo que las fuentes están considerando que Antonio es víctima del amor o de la pasión hacia la reina, trescientos senadores se marchen de Roma para reunirse con él.

Religión y propaganda política

La religión y la propaganda política fueron dos pilares del gobierno de Cleopatra, y en gran medida la clave de la política de la reina, sobre todo durante sus últimos años.

Principalmente a partir del 34 a. C., Antonio y Cleopatra se van a mostrar como Dioniso e Isis o Afrodita. Como ya se ha comentado, en la presentación en el gimnasio de Alejandría de ese año, ella se muestra físicamente como la diosa y hace que la proclamen como «nueva Isis».

Esta imagen de la reina como Isis provocó la burla de los poetas partidarios de Octaviano, que la imaginaban en la batalla con el sistro. El sistro era un instrumento musical del antiguo Egipto que, en origen, había estado relacionado con la diosa Hathor, diosa de la música, la danza, la embriaguez y la sexualidad. Sin embargo, el culto a esta diosa decae, e Isis, que va adquiriendo cada vez más protagonismo, se vincula con los atributos de esta divinidad, como eran el tocado hathórico y el sistro. Por tanto, en este momento histórico el instrumento musical ya estaba asociado a Isis.

No podemos obviar el triunfo celebrado por Antonio en Alejandría. Este triunfo no se celebró al estilo romano, sino al ptolemaico y helenístico, con algunos elementos del triunfo romano conjugados con otros del culto dionisiaco. Veleyo Patérculo es el que nos narra este evento y nos dice que Antonio «paseó en carro por Alejandría ornado de hiedra, ceñido con una corona de oro, llevando en la mano un tirso y calzado con coturnos, representando al Padre Líber». Por tanto, este triunfo buscaba enfatizar la relación de Antonio con Dioniso, el dios ptolemaico, y no tanto con Júpiter.

Se ha planteado que en este triunfo se produjo una procesión desde el palacio por la calle Canopa hasta el templo de Serapis, donde pudo haber realizado sacrificios a este dios. Esto contrariaba la tradición romana, según la cual un triunfo solo se podía sacrificar en el templo de

Júpiter Capitolino en Roma. Por tanto, al realizar este sacrificio, dentro de su triunfo, al dios Serapis estaba desafiando las costumbres romanas.

Todo lo expuesto anteriormente parece indicar que Antonio se estaba decantando por apoyar a la reina por encima de Roma. Esto quizá fue un grave error político por su parte.

Por último, resultan muy llamativos los festivales celebrados en Samos en la primavera del 32 a. C. Plutarco nos habla de esta fiesta:

> Reunidos los dos ejércitos, navegaron ambos hasta Samos, donde pasaron el tiempo divirtiéndose. Como había sido ordenado, los reyes y dinastías y tetrarcas y pueblos y ciudades todas entre Siria, la Meótide y Armenia e Iliria enviaron a sus tropas o efectuaron sus levas para la guerra. También se obligó a todos los integrantes del gremio de Dioniso que acudieran a Samos. Así, cuando por casi toda la ecúmene resonaban los trenos y lamentos en una sola isla durante muchos días, sonó la flauta y se expandieron los cánticos, llenándose los teatros de coros en competición. Cada una de las ciudades envió a sacrificar una vaca y los reyes rivalizaron los unos con los otros en muestras de reverencia y dones. De esta manera, se iban preguntando cómo serían las celebraciones tras la victoria, si con tanta opulencia festejaban los preparativos de la guerra.

En esta fiesta participaron músicos, actores y bailarines, que eran principalmente de origen griego, aunque también pudieron haber intervenido egipcios y chipriotas.

Posiblemente este encuentro no fue con el único objetivo de realizar una fiesta, sino que también les pudo haber servido para reforzar sus relaciones diplomáticas y alianzas políticas con otros reyes y Estados.

¿Cleopatra disolvió una perla en vinagre? La verdad detrás de sus lujos y excesos

Cleopatra tuvo una relación con Marco Antonio durante doce años aproximadamente, de los cuales solo estuvieron juntos durante ocho o nueve, sin tener en cuenta el tiempo que vivieron en la distancia por las ocupaciones de Antonio fuera de Egipto en su guerra contra los partos. Además, cuando pensamos en ellos como una pareja poderosa y vividora, nos solemos situar entre el 36-31 a. C., que son los años en los que se consolida su alianza y cuando más conviven. En concreto, debió de ser entre el 34 y el 32 a. C. cuando el gobernador de Siria, Lucio Munacio Planco, debido a su condición como secretario de Antonio, pasó un tiempo en Alejandría. En este tiempo se generaron muchos mitos en torno a ellos como una pareja que vivía con desenfreno.

El principal motivo de esta acusación era que sus banquetes poseían un estilo ptolemaico que no gustaba en Roma; además, se generó toda una fantasía en torno a ellos. No obstante, debe de ser cierto que eran muy lujosos, ya que la dinastía ptolemaica fue muy rica y no tuvieron problema en mostrar toda esa riqueza a través de la extravagancia. Además, los Ptolomeos realizaron simposios en su corte, los cuales incluían una cena tras la cual se consumía alcohol y había música y baile. Por este motivo, Cleopatra no fue la única ptolemaica a la que los romanos acusaron de un gusto por el exceso; también criticaron en este sentido a Ptolomeo II.

Autores posteriores, como Lucano, van a describir unos banquetes donde no se escatimaba en nada. Además, esta creencia en el lujo y en el exceso en torno a los convites de la reina se va a ver influenciada en el relato de Plutarco por las historias que circulaban en torno al emperador Nerón y otros jóvenes romanos de alta alcurnia. Sin embargo, en el caso de Antonio, como bien apunta Gustavo García Vivas, eran comportamientos que no se podían disculpar por ser una persona ya adulta. Al fin y al cabo, estos relatos apoyaban la figura del futuro Augusto.

Además, durante su último año de vida, tras la batalla de Accio, se quedaron en Alejandría realizando todo tipo de banquetes y festividades, porque, parece ser, sabían que su destino cambiaría radicalmente en cuanto Octaviano llegase a Egipto.

Quizá el mito más conocido relacionado con estos banquetes es el de la perla disuelta en vinagre, acontecimiento que nos narra Plinio el Viejo en su *Historia natural*. Este autor no fue contemporáneo de la reina, por lo que no podemos estar totalmente seguros de que esta historia sea verdadera. Además, el relato de este autor se basaba en la obra de Mesala, la cual había escrito este en contra de Antonio.

Plinio nos cuenta que las dos perlas más grandes que habían existido hasta la fecha habían sido propiedad de Cleopatra. En su descripción, el autor no tiene en demasiada estima a la reina, ya que la dibuja como soberbia, desvergonzada y meretriz. Mientras tanto, Plinio dice que Antonio «se hartaba diariamente de manjares exquisitos».

El mismo autor cuenta que la reina egipcia desafió a su amante, Marco Antonio, a comer, sin ayuda de nadie, una cena por valor de diez millones de sestercios. Marco Antonio aceptó la apuesta. Al día siguiente, organizó un banquete y, durante el postre, le llevaron un vaso de vinagre. Ella, que llevaba perlas en las orejas, se quitó una de ellas y la echó en el vinagre. Cuando la perla se disolvió, bebió el vinagre. Se dice que la otra perla, una vez que Egipto cayó en manos de Roma, se llevó a la ciudad del Lacio, donde se partió y se utilizó como pendientes para adornar las orejas de la Venus del Panteón de Roma. El motivo por el que Cleopatra no consumió esta segunda perla fue porque, cuando iba a echarla en otro vaso de vinagre, Lucio Munacio Planco, el juez de la apuesta, la declaró ganadora.

Estudios del siglo pasado han puesto en duda este hecho, ya que, según ellos, muy difícilmente una perla se disuelve en vinagre, a no ser que se tratase de uno mucho más fuerte del que encontramos en la cocina de nuestra casa. Diferentes autores concluyen que, de haber sucedido, lo más probable es que se hubiese tragado la perla sin disolver, además, algunos consideran que hubiese sido lo más inteligente, ya que, sin disolver, podría haberla recuperado tras su digestión y no perder ese capital. También se ha especulado que quizá no llegó a echar la perla nunca en el vinagre, al hacer algún juego de manos que diera la sensación de que la perla había caído en el vaso. Esta idea podría tener cierto sentido, dado que en la Antigüedad los receptáculos para beber habitualmente no eran de cristal, aunque los romanos ya usaban este material. En Egipto eran más habituales otro tipo de materiales opacos para elaborar las vajillas.

En contra de esta afirmación, sí que se puede dar una reacción química entre las perlas y el vinagre si el carbonato de calcio de la perla reacciona con el ácido acético del vinagre. Sin embargo, una perla en vinagre blanco de mesa tardaría en disolverse entre veinticuatro y veintiséis horas. Por tanto, para acelerar este proceso se requeriría que el vinagre estuviese hirviendo y que se echase la perla pulverizada; en estas condiciones tardaría únicamente diez minutos. En caso de que la anécdota fuese real, a lo mejor no sucedió exactamente como nos cuenta Plinio.

Por otro lado, la costumbre de consumir perlas disueltas en vinagre no fue adjudicada únicamente a Cleopatra, sino que también se atribuyó al emperador Calígula, y también en su caso fue visto como una muestra de sus excesos. Como ya pudimos apreciar previamente al hablar del mito de la leche de burra, algunas de estas exageraciones que se atribuyeron a la reina egipcia ya fueron adjudicadas a otros personajes de la antigua Roma que no fueron bien considerados o que recibieron una mala propaganda, en vida o *a posteriori*. Por ese motivo, no podemos obviar el hecho de que esta historia podría haber sido una atribución no verídica para enfatizar su gusto por el lujo y su capacidad para el derroche.

En este sentido, según Francine Prose, no es tan importante la veracidad de este suceso, sino la propaganda que subyace en esta anécdota. Según esta autora, Cleopatra, incluso tras su muerte, fue la personificación de todo lo que se consideraba inmoral en Roma. Este tipo de historias que envuelven su figura llevó a que importantes pintores la retratasen tanto en sus excesos como en su muerte, y, también, a que Dante la situase en el segundo círculo de su infierno en su *Divina Comedia*.

En otro sentido, según Prudence Jones, en este relato de la perla se está considerando que es Cleopatra la que tiene el control de la relación y la más inteligente de los dos, ya que en esta historia ella vence a Antonio. Además, esta autora nos señala que no es la única ocasión en que los autores clásicos muestran el poder de ella sobre él. En este sentido, no nos encontramos únicamente ante un relato sobre el derroche de la reina, sino de cómo controlaba a Antonio y se imponía sobre él.

Otro aspecto muy relevante a tratar cuando hablamos de Cleopatra y de su supuesto gusto por el exceso es su sexualidad. Toda esta imagen tan erotizada, incluso porno-gráfica, comienza a gestarse en la propaganda romana a partir del siglo I d. C.

En primer lugar, antes de aproximarnos a la sexualidad de Cleopatra, debemos ser conscientes, tal como apunta Patricia González Gutiérrez, de que la forma en que entendemos la sexualidad y la lujuria es cultural. Asimismo, ella señala que la política romana habitualmente utilizaba la sexualidad como un arma política, de ahí que en muchas ocasiones la historia política esté relacionada con historias de adulterio, como es el caso de Antonio y Cleopatra principalmente. En este sentido, ella indica que la acusación contra Antonio en su relación con Cleopatra es sobre todo por dejarse dominar por las mujeres, y, por ello, colocarse en una situación de inferioridad que no le corresponde desde la perspectiva romana. Por tanto, la sexualidad de Cleopatra es exacerbada y criticada en un contexto de lucha de poder político y, al exagerarla, lo que se está poniendo de relieve es la sumisión del amante, el cual es denigrado desde el punto de vista romano.

Esta idea de echarle la culpa a la sexualidad de Cleopatra se encuentra ya en la obra de Lucano. Sobre el encuentro y la relación de Cleopatra con César, el autor dice lo siguiente:

> Tras sobornar al guardián para que bajara las cadenas del puerto de Faros, se introdujo, sin que César lo supiera, en el palacio ematio, ella, deshonra de Egipto, furia mor-

tífera del Lacio, impúdica para desdicha de Roma. Igual que la espartana, con su belleza dañina, derrocó Argos y las moradas de Troya, otro tanto acrecentó Cleopatra los furores de Hesperia. Hizo temblar ella, si esto es posible, con su sistro al Capitolio y atacó las enseñas romanas con los nada belicosos canopos, decidida a celebrar el triunfo en Faros con un César como prisionero; y en el golfo de Léucade se mantuvo dudoso el trance de si se adueñaría del mundo una mujer que ni siquiera era de las nuestras.

En este fragmento podemos observar claramente que Lucano no tenía especial aprecio a Cleopatra. De nuevo aparece el sistro como un instrumento asociado a la reina, pero no debemos entender por ello que ella lo utilizase, sino que es un añadido por su relación con Isis, como ya hemos explicado previamente. Asimismo, el autor manifiesta el desprecio hacia la reina por ser extranjera, ya que dice que ella no es «de las nuestras», por tanto, acentúa su figura como mujer extranjera que no posee los atributos deseables de una matrona romana. Además, presenta a César como un prisionero, cuando esto no fue así, como ya vimos en el apartado dedicado a la guerra de Alejandría. Lucano continúa diciendo lo siguiente:

Este arrojo se lo proporcionó aquella primera noche que apareó en el lecho a la impura hija de los Ptolomeos con nuestros generales. ¿Quién podría rehusarte, Antonio, el perdón por tu amor insensato cuando el mismo fuego consumió el duro pecho de César? Incluso en medio de su rabia y de su furia, y en el palacio habitado por los manes de Pompeyo, él, bañado con la sangre de la catástrofe de Tesalia, hizo sitio entre sus cuidados a amores adúlteros, y mezcló con la guerra tálamos ilícitos y retoños no nacidos de una esposa legítima.

Lucano defiende a Antonio y a César, y los excusa completamente, pese al adulterio de ambos. Por tanto, la culpa es de ella, que es la que los somete. En este sentido esta propaganda favorece a Octaviano, el cual se muestra, junto con su hermana Octavia, como garante de la moral romana y de los valores tradicionales. Octaviano lucha no solo en contra de la egipcia, sino de toda la depravación que ella representa. Por ello era importante mostrarla como una mujer lujuriosa, aunque, quizá, la realidad fuese otra.

La sexualidad de Cleopatra recibió una gran atención a principios del siglo XVII, cuando empezaron a circular por Europa unas cartas supuestamente suyas, de Marco Antonio y de un médico llamado Quinto Sorano. Es en este momento cuando surge la idea de que ella se prostituyó y que, en una sola noche, tuvo relaciones sexuales con ciento seis hombres por una supuesta carta que escribió Antonio a este médico comentándole que su deseo era tan insaciable que no pudo esperar a tener relaciones con él. Estas presuntas cartas no debemos tomarlas como un documento fiable, ya que lo más probable es que fuesen una invención de este siglo, porque ninguna fuente antigua apunta a este hecho.

Sobre el apetito sexual de Cleopatra se han vertido todo tipo de bulos y fantasías. Uno de ellos es el que afirma que fue la inventora del primer vibrador de la historia, el cual fue creado con una caja que se llenaba de abejas; gracias al movimiento de estas dentro del recipiente, se produciría la vibración que facilitaría la masturbación. Esta propuesta es bastante sospechosa porque no hay documentos históricos que la avalen, y, además, la técnica es del todo peligrosa e improbable. No hay evidencias que sostengan que utilizó ningún tipo de artilugio.

En suma, no tenemos pruebas que nos permitan imaginar a la reina egipcia como una mujer hipersexualizada. Aunque sí que es cierto que en su corte se realizaron banquetes, los cuales debieron de ser bastante suntuosos en comparación con los romanos, y que mantuvo relaciones sexuales gracias a las cuales pudo tener descendencia, lo cierto es que la idea que tenemos de su vida privada parece estar muy influenciada por la propaganda de Octaviano. A partir de esta publicidad, Cleopatra ha sido objeto de todo tipo de leyendas que están alejadas de su figura histórica. Por tanto, cuando hablemos de Cleopatra no debemos dibujarla como una persona humilde, pero tampoco como una mujer derrochadora y lujuriosa en exceso.

9
La lucha contra Octaviano y la batalla de Accio
El final de un Imperio y el inicio de otro

Antecedentes

La batalla de Accio, también conocida como Actium, se considera el punto final en la lucha entre Octaviano y Antonio, al mismo tiempo que supone el fin de la monarquía egipcia.

Sin embargo, este combate no surge de la nada, sino que en los años previos se genera un caldo de cultivo que es muy importante comprender antes de analizar cuál fue su impacto.

En primer lugar, la relación entre Antonio y Octaviano no fue buena desde la muerte de César —es decir, desde antes de establecer el Segundo Triunvirato—. Un mes después de los idus de marzo del 44 a. C., a principios de abril, Octaviano llegó a Roma. Solo tenía dieciocho años y Marco Antonio tenía en torno a cuarenta años, por lo que ya era un hombre experimentado. En aquel momento, Antonio había estado ayudando a Calpurnia, la viuda de César. Probablemente, la llegada de Octaviano supuso un punto de tensión para él. Posteriormente, como hemos

CLEOPATRA

comentado a lo largo del libro, las tensiones entre ambos se van acentuando a medida que él se distancia de Octavia y lucha por vincularse con la reina egipcia. Las donaciones de Alejandría (34 a. C.) habían crispado el ambiente para que no se renovase el triunvirato al año siguiente, y, además, Octaviano se vio atacado personalmente por el trato de desprecio a su hermana por parte de Antonio cuando este le pidió el divorcio (32 a. C.).

Cuando Octaviano, a finales de verano del 32 a. C., declaró la guerra, no fue a Antonio, sino a Cleopatra, por lo que este enfrentamiento no se consideraba una guerra civil, sino una guerra justa contra una enemiga de Roma. Según Plutarco, para Octaviano la culpa no recaía en Marco Antonio, ya que consideraba que este «no estaba en su ser», sino en Cleopatra, que le había administrado pócimas para seducirlo. Esta guerra se estaba librando en el Mediterráneo oriental. Por tanto, si Octaviano ganaba, habría derrotado a Cleopatra, pero si lo hacía ella, no sería una victoria de Antonio.

Las tensiones en Roma habían terminado por construir el deseo de generar un Imperio bajo el control de una sola figura. Esta lucha entre Antonio y Octaviano terminó por afectar a los planes políticos de Cleopatra por su implicación con el padre de sus hijos. En aquel momento, para tener un control absoluto y acelerar la idea de un gobierno único en contra del triunvirato, Octaviano generó la idea de un enemigo que estaba acechando Roma y que debía ser aniquilado para que la potencia del Lacio se mantuviese. Por ese motivo, el odio y la gue-

224

rra fueron contra Cleopatra, aunque la lucha se produjese entre los dos extriunviros.

En suma, no es que únicamente declarase la guerra a Egipto, sino a todo lo que representaba Cleopatra como mujer extranjera y, por tanto, peligrosa.

A finales del año 32 a. C., ya declarada la guerra, los dos se marchan a Patras, donde pasan el invierno del 32 al 31 a. C. Fue entonces cuando en Patras se acuñaron monedas con Cleopatra como la diosa Isis.

Antes de la batalla, hubo una serie de malos presagios, tal como nos cuenta Plutarco:

> Pésaro, la ciudad que Antonio había fundado como colonia militar a orillas del Adriático, quedó destruida por unas grietas que se abrieron en medio de ella; también cuentan que de una de las estatuas de mármol de Antonio, que se encontraba en Alba, brotó como un sudor y que estuvo así durante muchos días sin parar, aunque algunos enjugasen ese líquido; que en Patras, mientras él estaba allí, el Heracleion quedó reducido a cenizas por los rayos, y que en Atenas, vacilante ante las corrientes de aire, la estatua de Dioniso de la representación de la Gigantomaquia se precipitó sobre el teatro. Este último presagio concernía especialmente a Antonio, que se hacía descender de Heracles y, por imitación, como se dijo, se hacía proclamar «nuevo Dioniso». La misma tormenta derribó, hasta tumbarlas en el suelo, tan solo, entre las muchas estatuas del ágora, las de Eumenes y Átalo, en las que estaban inscritos los homenajes que le rindieron a Antonio los atenienses. La escuadra

de Cleopatra que se llamaba la Antonia también ofreció un terrible presagio: unas golondrinas hicieron su nido bajo la popa y, cuando otras aves distintas llegaron, las echaron y mataron sus crías.

Al igual que vimos previamente con la muerte de Julio César, en esta ocasión hubo numerosas señales de que la guerra no iba a salir bien. No sabemos hasta qué punto estos extraños sucesos ocurrieron en la realidad; de lo que sí podemos estar seguros es de que estos símbolos eran muy importantes para los romanos.

La batalla

Para entender mejor la batalla es importante comprender la geografía en la que se libró. Accio se encontraba en un cabo que cerraba, junto con otro cabo, el golfo de Ambracia. Delante de estos dos se encontraba el mar Jónico. En verano del 31 a. C. se posicionan los contrincantes en lo que será el lugar de la batalla: Cleopatra y Antonio situaron sus naves en la zona más próxima a la costa, mientras que las de Octaviano estaban en la zona exterior, lo cual limitó los movimientos de la pareja.

Antonio se había posicionado en el cabo sur, mientras que Octaviano lo había hecho en el norte, al elegir primero el emplazamiento su rival. Antonio elige ubicarse en el sur para controlar el acceso al golfo. Sin embargo, aunque su emplazamiento estratégicamente parecía mejor, lo cierto es que su flota tuvo problemas en el abastecimiento de agua y la de Octaviano no, por lo que las tropas de Antonio corrían el riesgo de contraer enfermedades como la malaria. En este contexto, Antonio intentó cortar el acceso al agua de Octaviano e increpó a su rival para comenzar la batalla, aunque sin éxito.

Además, Agripa —comandante de las fuerzas de Octaviano y el militar más destacado de Accio—, antes de la batalla había logrado el control de Metone, Leucas, Patras y Corinto. Con este movimiento había conseguido bloquear la llegada de suministros a Antonio y a Cleopatra desde el sur. Debido a la falta de suministros de agua y comida, sus soldados comenzaron a enfermar, lo cual provocó una baja moral que condujo a la deserción de muchos de ellos y que anticipaba el fracaso de la batalla.

A finales de verano, la situación de Antonio y Cleopatra no era buena. En vistas de la situación, parte de los aliados y reyes clientes de Antonio procedieron a apoyar a Octaviano. También se cambiaron de bando algunos romanos, como Enobarbo, que huyó supuestamente por tener una mala consideración de la reina. Antes de la batalla, solo Canidio Craso, Sosio y Gelio Publícola permanecieron fieles a Antonio y a Cleopatra. Las noticias de las deserciones ayudaron, por supuesto, a la propaganda de Octaviano. Este fue el principal motivo por el que el resultado de la batalla no fue favorable para Antonio y la egipcia, porque antes de comenzar sus fuerzas habían sido minadas durante el verano.

Por todos estos motivos debemos entender Accio no solo como una batalla, sino como una campaña que se gesta durante el verano y que poco a poco va determinando la derrota de Cleopatra y Antonio.

Plutarco nos cuenta que Antonio se presenta en batalla con quinientas naves y Octaviano con doscientas cincuenta, lo cual no parece que fuese cierto —probablemente se trate de una exageración para ensalzar aún más la victoria de Octaviano—. La flota de Antonio fue nutrida por los barcos que había aportado la reina egipcia. La dinastía ptolemaica poseía una gran flota de guerra tras la Primera Guerra Siria (ca. 274-271 a. C.). En época de Ptolomeo II, la flota estaba compuesta por trescientos treinta y seis barcos de guerra. Fue bastante costosa de mantener, aunque también proporcionó victorias durante la Tercera Guerra Siria (ca. 246-241 a. C.). Para la guerra contra Octaviano, Cleopatra había cedido doscientas de sus naves, sin embargo, únicamente sesenta habían ido a luchar a Accio, porque Antonio había quemado las otras ciento cuarenta. Las sesenta que sobrevivieron fueron las mejores de su flota y las que combatieron. Antonio decidió quemar todas esas naves porque muchas no eran útiles para la batalla y si las abandonaban Octaviano se podría hacer con ellas, por lo que favorecería a su adversario. Además, la reina dio a Antonio un apoyo económico con la entrega de veinte mil talentos.

Finalmente, parece ser que Antonio se presentó a la batalla con ciento setenta barcos, doscientos treinta contando con los de la reina. El 29 de agosto se subieron a las naves de Antonio y Cleopatra veinte mil legionarios y dos mil arqueros. Las naves de Antonio se dispusieron en tres escuadrones y detrás de ellas estaba la flota de Cleopatra. En cuanto a la flota de Octaviano, se ha calculado que debió de luchar con doscientos cincuenta barcos.

Según Orosio, Octaviano se presentó con doscientas treinta naves que llevaban ocho legiones y cinco cohortes pretorianas, mientras que Antonio llevaba ciento setenta naves, que, aunque eran menos, eran mejores que las de Octaviano por ser más grandes.

Según Dion Casio, el día antes de la batalla Octaviano arengó a las tropas sobre los motivos de la guerra y el peligro que suponía Cleopatra. En este discurso, dijo que Antonio ya no podía ser considerado romano, sino que era egipcio y debía ser llamado Serapión, que era el nombre que recibían los seguidores de Serapis. Sin embargo, este discurso parece una fantasía del escritor, aunque refleja algunas ideas interesantes, como la que acabamos de mencionar.

La batalla tuvo lugar el 2 de septiembre del 31 a. C. Plutarco nos cuenta que no pudieron enfrentarse antes, porque el 29 de agosto comenzó una tormenta que duró cuatro días, por lo que tuvieron que esperar y en el quinto día combatieron.

Veleyo nos cuenta que la flota de Octaviano estaba comandada por Agripa, cuyo flanco derecho estaba controlado por Marco Lurio y el izquierdo por Arruncio. Mientras tanto, Octaviano se encargaba de moverse de un lado a otro para controlar la situación. Por otro lado, la flota de Antonio estaba dirigida por Publícola y por Sosio.

Según Plutarco, las naves de Antonio eran muy pesadas, por lo que no poseía libertad de movimiento. Además, los barcos de Octaviano optaron por asediar a sus enemigos tirando jabalinas, espadas, lanzas y proyectiles de fuego. Para defenderse, Antonio tiraba proyectiles desde sus torres. Al mismo tiempo, Agripa aprovechó su escuadra izquierda para rodear las naves de Antonio y, por ello, Publícola se vio forzado a desplazarse hacia el centro. Esto provocó cierto desorden en la lucha naval. El enfrentamiento durante la batalla no debió de ser fácil.

Además de planear el enfrentamiento por mar, tenían contemplada una lucha en tierra, donde Tauro dirigiría las tropas de Octaviano y Canidio las de Antonio, aunque esta no se llegó a materializar. Se ha planteado que en un principio el objetivo era un enfrentamiento por tierra, porque la mayor parte de las luchas navales en esta época formaban parte de una estrategia terrestre, por lo que la lucha marítima no era el objetivo principal, aunque se ha acabado considerando una batalla naval. Las fuentes antiguas nos señalan que finalmente el objetivo de Antonio fue buscar una confrontación por mar.

Debido a que Antonio y Cleopatra eran inferiores en número, actualmente se ha planteado que ellos debieron dar por perdida la batalla desde el inicio y que estaban preparados para huir.

Sin embargo, Octaviano realizó un movimiento en la batalla bastante decisivo que fue tirar fuego con catapultas hacia las naves de sus adversarios. En este momento histórico, esta fue una estrategia bastante innovadora. Octaviano no quería utilizar esta táctica antes porque su deseo era salvar el tesoro ptolemaico, pero se dio cuenta de que era la única forma de ganar. Al llegar el fuego a las naves, los soldados intentaron apagarlo primero con agua dulce que llevaban en el barco y, cuando se les acabó, con agua del mar, lo cual no fue muy efectivo ya que no poseían suficientes herramientas para subir el agua y, sin quererlo, avivaron el fuego. Parece que la posterior huida de la reina estuvo más relacionada con este hecho que con una cuestión personal, como se suele decir en las fuentes clásicas.

Dion Casio nos dice que la batalla estaba muy igualada y que Cleopatra huyó por ser mujer:

> No soportó más aquella espera indecisa e incierta. Cohibida, tanto por su condición de mujer como de egipcia, por aquel largo e indeciso enfrentamiento y por aquella espera temerosa de un desenlace u otro, se lanzó, por sorpresa, a la fuga y dio señal a sus súbditos.

Plutarco nos narra que Cleopatra se escapó por el centro, lo cual provocó cierta confusión entre sus tropas y alegría entre las de Octaviano.

Sin embargo, investigadores actuales ponen en duda que la reina huyese por iniciativa propia en la batalla, tal como nos narran las fuentes antiguas. Uno de los motivos es que parece improbable que intentase escabullirse por el centro de los barcos enemigos en medio del caos, ya que no hubiese sido tan fácil dentro de una lucha naval, aunque bien es cierto que el lugar por el que huye podría tener espacio suficiente para pasar. Por otro lado, la huida de la reina no hubiese tenido un gran impacto si Antonio no la hubiese seguido, por lo que, de haber escapado, el gran error no fue tanto su marcha, sino que Antonio la siguiese.

En cualquier caso, la fuga parece que fue una realidad, aunque no podemos decir que fuese por sus nervios, sino por un motivo bélico. Cleopatra llevaba muchos meses colaborando con Antonio en el terreno militar, por no decir años, si contamos toda la ayuda que le prestó en su lucha contra los partos. Por ello parece improbable que ella se dejase llevar por sus sentimientos cuando no era la primera vez que se encontraba en un contexto bélico. Las fuentes la retratan como una mujer irracional, una visión que es un tanto subjetiva. Seguramente, la decisión de marcharse del campo de batalla o era premeditada, o se decidió de forma inteligente. Un buen motivo era evitar el fuego en su barco. De haber embestido con su nave en ese momento de la batalla, esta seguramente hubiese ardido ferozmente o hubiese sido aniquilada en la confrontación.

Las tropas que quedaron en Accio, según nos cuenta Veleyo, abandonaron las armas. En aquel momento, Octaviano les prometió clemencia. Sin embargo, Plutarco nos da otra versión, y nos dice que los barcos lucharon contra Octaviano y que, debido al mal estado del mar, fueron dañados y no llegaron a la décima hora de la batalla. Este autor nos cuenta también que no hubo más de cinco mil muertos y que Octaviano capturó trescientas naves. Según este, las tropas de Antonio tardaron unos días en aceptar la situación, porque esperaban que su líder volviera, pero cuando Canidio los abandonó, asumieron la derrota y se pasaron al bando de Octaviano.

Una vez ganada la batalla, Octaviano festejó la victoria consagrando varios barcos a Apolo Actiaco y construyó un templo dedicado a este mismo dios allí donde había situado su campamento Antonio. Fundó una ciudad donde estuvo su campamento, a la cual llamó Nicópolis, e inauguró los Juegos Actiacos, que se celebraban cada cuatro años, y en los cuales, al igual que en otros juegos, había competiciones deportivas, musicales y equinas.

No debemos olvidar que lo que conocemos de la batalla de Accio es una versión de los vencedores, de Octaviano, por lo que los sucesos de la lucha y su resultado están mediados por la propaganda política, sin necesidad de reflejar unos hechos fieles a la realidad. Gustavo García Vivas comenta que después de la batalla hubo un antes y un después en la propaganda de Octaviano, y que esta contienda «cobró dimensiones de gesta fundacional» de su gobierno. A partir de ese momento, se declaró vencedor de la reina egipcia y estableció de forma definitiva su poder en Roma. Gracias a eso, años después se le concederá «poder sobre todas las cosas» (*potitus rerum omnium*).

CLEOPATRA

¿Qué pasó después de la batalla?

Plutarco nos cuenta que, en su huida, Antonio llega a Ténaro, donde se encuentra con Cleopatra. En ese momento, Antonio le dice a Canidio que huya rápidamente a Asia por Macedonia. Después, se marcha hacia Libia, mientras que Cleopatra Vuelve a Egipto.

Durante su estancia en Libia, parece que estuvo acompañado por sus amigos Aristócrates, un orador griego, y Lucilio, un romano. Fue allí donde le abandonó el comandante del ejército libio y entonces Antonio decidió suicidarse, pero sus amigos se lo impidieron y le llevaron a Alejandría.

En Alejandría, Cleopatra estaba planeando llevar todas sus naves hasta el istmo de Suez, para transportarlas por tierra hasta el mar Rojo y llevar desde allí hacia el sur por barco todos sus bienes. No obstante, en este intento, los árabes nabateos, que habían apoyado a Antonio en Accio, incitados por el gobernador de Siria Quinto Didio, quemaron las naves que ya estaban en el mar Rojo, por lo que la reina abandona este plan.

De vuelta en Alejandría, Antonio decide aislarse en un refugio cerca del palacio, pero apartado de él, porque estaba dolido por las traiciones de sus amigos y quería seguir el ejemplo de Timón, un ateniense misántropo de la guerra del Peloponeso. De ahí que este refugio se conociese en la ciudad como Timoneion. El Timoneion lo construyó después de la batalla de Accio con el objetivo de retirarse allí y vivir aislado.

234

LA LUCHA CONTRA OCTAVIANO Y LA BATALLA DE ACCIO

Canidio volvió a Alejandría para anunciar la derrota en Accio y también para contar que Herodes se había pasado al bando de Octaviano, así como otros aliados de Antonio. De ahí en adelante, Egipto era el único apoyo del general.

En ese momento, Antonio abandona el Timoneion, vuelve a la convivencia con la reina en palacio y, a partir de entonces, deciden regresar a su vida de banquetes y celebraciones en Alejandría durante varios días. Se cuenta que renombran su asociación —conocida hasta entonces como los Vividores Inimitables—, como Amigos hasta la Muerte o, como dice Plutarco, «los que mueren juntos».

Cavafis, poeta del siglo XX, imagina este declive en su poema «El dios abandona a Antonio», escrito en 1911:

> *Cuando de pronto, a medianoche, se oiga*
> *un cortejo invisible que circula*
> *con músicas excelsas, con clamores —*
> *de tu destino que se entrega, de tus obras*
> *que fracasaron, de los proyectos de tu vida*
> *que tan mal te salieron, no te lamentes en vano.*
> *Como dispuesto desde ha tiempo, como un valiente,*
> *dile adiós a ella, a la Alejandría que se va.*
> *Y sobre todo no te engañes, no digas*
> *que fue un sueño, que fue error de tu oído;*
> *nunca aceptes tan vanas esperanzas.*
> *Como dispuesto desde hace tiempo, como un valiente,*
> *como te va a ti que de una ciudad tal has sido digno,*
> *acércate con entereza a la ventana,*

y oye con emoción, pero no
con súplicas y quejas de cobarde,
como un último goce los acordes,
los excelsos instrumentos del misterioso cortejo,
y dile adiós a ella, a la Alejandría que tú pierdes.

Sin duda alguna, estos once meses desde que pierden en Accio hasta que Octaviano entra en Alejandría no debieron de ser fáciles ni para Cleopatra ni para Marco Antonio.

Plutarco dice que Cleopatra en aquel momento estaba buscando un veneno que no fuese doloroso, y para encontrarlo hacía beber distintos tipos a los prisioneros que estaban condenados a muerte. No solo buscó venenos de origen vegetal, también de animales. Y así es como decidió que el áspid era la mejor opción, ya que provoca una especie de sueño sin dolor, según relata Plutarco. Sin embargo, lo cierto es que el áspid (*Naja haje*), que es un tipo de cobra egipcia, sí que provoca cierto malestar, por lo que no era totalmente indoloro. Además, como bien apunta Joyce Tyldesley, no es una serpiente precisamente pequeña, ya que llega a medir seis metros, por lo que para esconderla hubiese necesitado una cesta grande. Parece que su mordedura era el método reservado para ajusticiar a los criminales en Alejandría, por lo que ya era utilizado en aquella época en la ciudad. Además, su veneno actúa relativamente rápido, aunque depende del lugar del cuerpo donde haya mordido la serpiente.

En este contexto, Cleopatra mandó construir sepulcros y monumentos cerca del templo de Isis en Alejandría y ordenó que se guardasen allí todas sus riquezas.

En lo que se refiere a sus hijos, no se quedó cruzada de brazos y mandó peticiones a Octaviano para que les permitiese seguir viviendo en Egipto. Al mismo tiempo, Antonio le solicitó que le dejase vivir en Atenas como un ciudadano más, si no le permitía seguir en Egipto. Octaviano no accedió a la petición de Antonio y le comunicó a la reina que, aunque ella recibiría un buen trato, el destino de Antonio era la muerte o la expulsión, según Plutarco.

Veleyo nos cuenta que, al año siguiente de la derrota en Accio, Octaviano decide que es el momento de perseguir a Antonio y a Cleopatra, en lo que sería el coletazo final de su guerra civil. Desde la batalla de Accio, el 2 de septiembre del 31 a. C., hasta la entrada de Octaviano en Alejandría, el 1 de agosto del 30 a. C., había pasado casi un año. Después de Accio, Octaviano había estado en Samos y en Éfeso, donde había recibido embajadas. En el verano del 30 a. C. emprende rumbo a Egipto desde Siria.

A su llegada a Alejandría, Octaviano se asienta en el hipódromo, que estaba a las afueras. Allí acude Antonio con su caballería para enfrentarse a su rival. En esta lucha, la caballería de Octaviano huye, por lo que Antonio se siente victorioso. Al volver a la ciudad, se reunió con Cleopatra y lo celebró con ella.

10
El suicidio de la reina
Enterramiento y ritual funerario en el Egipto ptolemaico

El suicidio de Antonio y Cleopatra

El suicidio de la última reina de Egipto fue precedido por la muerte de Antonio. Quizá el autor que nos cuenta con mayor detalle la historia es Plutarco, aunque no debemos olvidar que su narración encierra cierta fantasía, ya que no vivió de primera mano los sucesos. Sin embargo, nos basaremos en este autor para relatar el final de Antonio y Cleopatra.

Según nos cuenta Plutarco, al marcharse sus tropas y navíos, Antonio volvió a Alejandría insultando a Cleopatra, acusándola de traición. Cleopatra, al advertir su cólera, decidió esconderse en su tumba y hacerle llegar el mensaje a Antonio de que ella había muerto.

Antonio se creyó la mentira y esto es lo que dijo, según Plutarco:

> ¿Qué va a ser de ti, Antonio? La fortuna te ha robado la única razón que te quedaba para seguir viviendo [...]. ¡Cleopatra! ¡Ah! No me duelo de tu pérdida, pues ense-

guida yo me reuniré contigo, sino solo porque un general como yo se muestre inferior a una mujer en coraje.

Según este autor, Antonio tenía un criado llamado Eros al que había hecho prometer que le mataría llegado el momento. Sin embargo, cuando Eros estaba empuñando la espada, Antonio se dio la vuelta y Eros se suicidó antes que darle muerte. Finalmente, tras el ejemplo de Eros, Antonio se clavó la espada en el estómago, pero esta no le quitó la vida, por lo que tuvo que pedir que, por favor, le degollaran. Aun así, no terminó de morir.

Cleopatra ordenó que llevasen su cuerpo a su tumba. Ella estaba encerrada allí con dos mujeres de la corte, probablemente Ira y Carmión, las cuales la ayudaron a elevar el cuerpo de Antonio con unas cuerdas para subirlo hasta donde estaba, porque no quería abrir la puerta. Una vez juntos, Cleopatra se lamentó y Antonio pidió beber vino. Antonio le indicó que confiase en Proculeyo, un amigo de Octaviano. Parece ser que en ese momento Antonio le pidió que no llorase su muerte y que se alegrase por todo lo que habían vivido.

No obstante, parece que este deseo de que Cleopatra confiase en Proculeyo fue un recurso literario de Plutarco, y no tanto una realidad.

Una vez muerto ese mismo 1 de agosto, Proculeyo llegó de parte de Octaviano. La misión de este era detener viva a la reina; sin embargo, ella no quiso abrir la puerta, por lo que hablaron a través de ella. Mientras Cleopatra le pedía que les diesen a sus hijos Egipto, Proculeyo le pedía que se entregara a Octaviano. Poco después fue a hablar con ella un tal Galo, y mientras hablaba con él a través de la puerta, Proculeyo y dos de sus sirvientes lograron entrar por el mismo lugar por donde habían introducido a Antonio. Proculeyo la agarró y le dijo, según Plutarco:

> Cleopatra, te has perjudicado a ti misma y al César, al haberle privado de una gran ocasión para mostrar su generosidad y haber hecho que el más benevolente de los generales apareciera como un hombre indigno de confianza e implacable.

Entonces la registró para quitarle su arma y por si tenía algún veneno. También llegó en este momento Epafrodito, un liberto de Octaviano, para encargarse de que ella estuviese vigilada y, al mismo tiempo, garantizarle una buena estancia.

En cuanto al enterramiento de Antonio, Plutarco nos cuenta lo siguiente:

> A pesar de que muchos reyes e incluso generales reclamaban enterrar a Antonio, sin embargo, César no le quitó el cuerpo a Cleopatra, sino que Antonio fue enterrado lujosamente y de una manera regia por las propias manos de aquella, disponiendo todo tal cual fuera su deseo.

Según Dion Casio, en este punto a Cleopatra le quitaron todo aquello con lo que pudiese hacerse daño y le permitieron quedarse en la tumba hasta que el cuerpo de Antonio se embalsamase. En la versión de este autor, el cuerpo del romano sigue, por tanto, el rito egipcio con el embalsamamiento de su cadáver.

Tras la muerte de Antonio, Cleopatra cae enferma entre el 3 y el 8 de agosto, lo cual le sirve para ocultar sus intenciones de suicidio. No obstante, Octaviano sospechaba que ella quería acabar con su vida y deseaba evitarlo a toda costa, por lo que va a visitarla el 8 de agosto. En ese momento, la amenaza con un destino terrible para sus hijos si se quita la vida. Ella le suplica y le entrega un inventario de todos sus bienes. Tras este encuentro, Octaviano se cree con el control de la situación y sale con la idea de que ella no va a atentar contra su propia vida.

Dolabela le cuenta, en secreto, a Cleopatra que a los pocos días ella y sus hijos serán enviados a Roma. Por este motivo, ella le pide a Octaviano que, por favor, le permita hacer libaciones en honor a Antonio. Para ello, Cleopatra acude a la tumba el 9 de agosto, donde vierte las libaciones, llora y pone flores.

Una vez hecho esto, se baña y organiza un banquete. Es entonces cuando se inicia la trama del suicidio. Donde está ella llega un campesino con una cesta con higos, en la cual iba escondido el áspid, que los guardias le permiten introducir. Según el relato de Dion Casio, el áspid se encontraba escondido en la cesta con flores.

Tras el banquete, Cleopatra escribe en una tablilla una carta para Octaviano donde le pide que la entierren con Antonio y se la manda con Epafrodito. Una vez enviada, ordena que salgan todos los que están en el banquete, excepto dos mujeres, cierra la estancia y procede a suicidarse. Estas dos mujeres, Ira y Carmión, se suicidarán después de la reina. Pese a que las fuentes nos dicen que ellas murieron también por la mordedura del áspid, lo cierto es que podría no ser real, ya que estos animales tardan aproximadamente tres horas en recargar su veneno, por lo que posiblemente ingirieron otro veneno. La muerte de Cleopatra se produjo el 10 de agosto del 30 a. C.

Ya muertos Antonio y Cleopatra, el gobierno pasa a manos de Octaviano. Poco después, Egipto se convierte en una provincia de Roma.

La idea de que Cleopatra murió envenenada se remonta a Estrabón, que dice: «Poco después, aquella en prisión, se quitó la vida en secreto por la mordedura de un áspid o aplicándose un ungüento venenoso (pues se cuentan ambas historias)». Estrabón viajó a Egipto poco tiempo después del suicidio de la reina, por lo que es la fuente más antigua y contemporánea a su fallecimiento, aunque no podemos confiar plenamente en él, ya que en aquel momento la propaganda romana está en pleno funcionamiento, y lo que escribe es lo que ha escuchado.

La publicidad de Octaviano es la que expande la idea de que fue una serpiente, ya que en su triunfo celebrado en Roma parece ser que se incluyó una imagen de la reina difunta con este animal rodeando su cuerpo. El áspid era reconocido por los romanos como una serpiente típica del norte de África, por lo que esta imagen pudo ser una metáfora de la victoria de Roma sobre Egipto.

Asimismo, algunas fuentes no nos hablan de la serpiente, pese a que es la historia que acaba triunfando. En algunas ocasiones son dos serpientes y no una, como podemos apreciar en la obra de Virgilio.

En cuanto a la mordedura del áspid, los autores difieren sobre el lugar: Plutarco dice que fue en el brazo, Dion Casio indica que nadie sabe cómo murió y que solo encontraron unas pequeñas picaduras en un hombro; Orosio cuenta que la mordedura fue en el brazo izquierdo... De hecho, Plutarco también dice que nadie sabe con total seguridad cómo murió la reina, ya que algunos cuentan que llevaba veneno en un pasador de pelo.

Posteriormente, a finales de la Edad Antigua, se empieza a sugerir la mordedura en el pecho por ser más erótico —de hecho, es donde la sitúa Shakespeare—. Esta sensualidad en su muerte se ve acentuada cuando se empieza a proponer que la reina murió desnuda.

Sabemos que la muerte por la mordedura de áspid se remonta al inicio del periodo ptolemaico: el primer director del Museo de Alejandría, Demetrio de Falero, murió de esta forma. De hecho, Cicerón, personaje contemporáneo a Cleopatra VII, habla de cómo murió Demetrio. Por tanto, aunque no sabemos si ella murió de esta forma, lo que está claro es que en la época en la que ella vivió existía una asociación entre esta serpiente y Egipto, y se sabía que el veneno de este reptil era mortal para los humanos.

Resulta de vital importancia tomar en consideración la idea de que probablemente se expandió la idea del áspid porque la cobra fue un símbolo asociado a la realeza egipcia desde tiempos inmemorables. El primer egiptólogo que planteó que este áspid poseía un simbolismo egipcio fue Wilhelm Spiegelberg: según él, Cleopatra, al elegir el áspid como forma de suicidarse, quería subrayar su posición como miembro de la realeza. En este contexto, el áspid simbolizaría el ureo, que se asociaba con la cobra. El ureo se solía mostrar sobre la frente de los faraones, en ocasiones junto con el buitre. La serpiente y el buitre representaban a las diosas Uadjet y Nejbet respectivamente. Ambas eran conocidas también como las Dos Señoras y eran consideradas las protectoras de la monarquía egipcia. Además, hubo otras diosas serpiente en Egipto como Meretseger o Renenutet. Isis también se mostró en época ptolemaica y romana como serpiente bajo la forma de Isis Thermuthis, que se asociaba con la diosa Renenutet: en estas representaciones híbridas de la diosa, la observamos como humana con una cola o con cuerpo de serpiente y cabeza humana. También vemos a la diosa con forma de serpiente al representarla junto con Serapis como Agathodaimones.

Según Flavio Josefo, la mordedura de la serpiente otorgaba la inmortalidad. Por todos estos motivos, la forma en que eligió morir la última reina de Egipto estaba revestida de sacralidad y conectaba con su pasado egipcio. También podría ser parte de la leyenda de su suicidio, por la conexión que existía entre Egipto y las ser-

CLEOPATRA

pientes, que sería percibida desde Roma introduciendo a este animal en el mito de su muerte.

Por último, como bien señala Robert Gurval, la forma en que Plutarco nos narra la muerte de la reina está revestida de cierto misticismo. La obra de Plutarco estuvo muy influenciada por el orfismo, una práctica mistérica que era practicada en Egipto y en Grecia. En su muerte, Cleopatra cierra las puertas para morir:

> Después del banquete, Cleopatra tomó una tablilla, ya escrita y sellada, y mandó que la hicieran llegar a César. Ordenó a todos que se retiraran, a excepción de las dos mujeres, y cerró las puertas. César abrió la carta, en la que pedía con lamentos y súplicas que se le permitiera ser enterrada con Antonio y, tras leerla, comprendió rápidamente lo que había hecho.

Los hombres de Octaviano acuden a la estancia, donde se encuentran a la reina y a Ira muertas, mientras que Carmión se debatía entre la vida y la muerte.

Según Robert Gurval, en la escena se sugieren ciertos elementos de un culto mistérico, por ese motivo Plutarco nos cuenta cómo se la encuentra Octaviano tras enterarse del suicidio; pero el autor no nos narra qué sucede una vez que se cierran las puertas, porque nosotros, como lectores, no estamos iniciados en este misterio de la muerte de la reina.

En suma, sigue siendo un misterio cómo murió Cleopatra, aunque coincidimos en que fue un suicidio con veneno. El áspid poseía una gran simbología y, además, era muy popular en la época y desde Roma se asociaba con Egipto. Asimismo, todas las fuentes que tenemos para conocerla datan de casi un siglo después de su muerte, al menos las más cercanas a ella, excepto Estrabón. Igualmente, no debemos perder de vista que toda su historia está revestida de misticismo y leyenda, y que, aunque sea hermoso y triste a la vez imaginar un fin como el que se le atribuye, no podemos saber si realmente sucedió así o es únicamente un mito que se tejió en Roma tras su muerte.

¿Cómo eran las tumbas de la época?

Antes de hablar de dónde podría estar la tumba de la reina, resulta de vital importancia exponer cómo eran las tumbas en su época, así como dónde se enterraban en aquel momento los Ptolomeos, ya que nos ayudará a dilucidar dónde podría encontrarse.

Los alejandrinos practicaron tanto la cremación como la inhumación en época ptolemaica. No obstante, la cremación parece que fue una opción preferida al principio de la época (ss. III-II a. C.) en las necrópolis de Shatby y Hadra. Sin embargo, paulatinamente, los alejandrinos fueron eligiendo cada vez más la inhumación, ya que era más barata, entre otros motivos.

Además, nos han llegado personas momificadas que datan de finales de la época ptolemaica y romana. Bajo el reinado de Cleopatra VII, sabemos que era habitual la práctica de la momificación en Alejandría. Este embalsamamiento se realizaba, según Estrabón, en la necrópolis que estaba cerca del Serapeum, lo cual no nos debe extrañar, ya que, en esta zona, en Racotis, se encontraba el asentamiento egipcio más antiguo de Alejandría, y, por ello, sería donde habría seguramente un mayor número de población egipcia. La momificación era el ritual egipcio funerario por excelencia; a través de él, la persona se identificaba con el dios Osiris, porque se repetía el mito de la muerte del dios para que la persona reviviese en el más allá, tal como lo habían realizado para la divinidad en su momento.

En resumen, en la Alejandría de nuestra reina las personas se podían cremar, inhumar o momificarse, aunque los métodos más habituales en aquel momento eran la inhumación o la momificación.

En cuanto a los enterramientos, en la ciudad nos han llegado sobre todo tumbas excavadas en la roca. Al principio del periodo ptolemaico se optó por un tipo de decoración griega. Sin embargo, a partir del siglo II a. C. empezamos a observar elementos egipcios en las tumbas alejandrinas. En época de Cleopatra VII, la asociación de lo egipcio con lo funerario era bastante habitual en la ciudad.

Marjorie Susan Venit, egiptóloga experta en las tumbas de Alejandría, sostiene que en estas se observa una fluidez entre lo griego y lo egipcio, un punto de vista del todo interesante, constatable sobre todo en las tumbas de época romana.

La tumba de Alejandro Magno ocupó un espacio dentro de la capital egipcia. El conquistador macedonio había muerto en Babilonia en el 323 a. C., sin embargo —como ya hemos comentado en páginas anteriores— no fue el lugar donde se le enterró, aunque sí donde fue momificado. Tras su muerte deciden desplazar el cuerpo para enterrarle en otro lugar. Hay cierto debate sobre si el destino final era Egipto desde un primer momento, pero, en cualquier caso, fuese la intención o una estrategia de Ptolomeo I, el cuerpo acaba siendo enterrado en Egipto. Para los diádocos —que es como se denomina a los monarcas helenísticos sucesores de Alejandro Magno— era muy importante poseer el cuerpo del macedonio, ya que aquel que se hiciese con él podría considerarse el legítimo heredero del Imperio de Alejandro. Parece ser que el objetivo era llevar su cuerpo a Siwa, donde se decía que quería ser enterrado. Sin embargo, Ptolomeo tiene otros planes para él, por lo que en un principio lo lleva a Menfis, aunque finalmente le entierran en Alejandría.

El Soma se encontraba en las cercanías del palacio real. Esta palabra, *soma,* significa «cuerpo» en griego. Por tanto, cuando se referían al Soma estaban hablando del cuerpo, en concreto del de Alejandro, que yacía ahí. Su cuerpo embalsamado, aunque se podía visitar, no era accesible para todo el mundo, pero sí para algunos personajes como Julio César y Octaviano, que quisieron observar los restos del mítico conquistador macedonio.

Durante el reinado de Ptolomeo IV, el Soma se reconstruyó y se convirtió en el lugar de enterramiento de todos los monarcas de la dinastía. A partir de entonces, en Alejandría, la tumba de Alejandro Magno no podía entenderse sin relacionarla con los monarcas ptolemaicos. A través de la propaganda, estos reyes se habían asociado con el conquistador macedonio, y, tras su muerte, al enterrarse junto a él, se legitimaba el vínculo.

¿Dónde está su tumba?

Las fuentes clásicas nos hablan de que Cleopatra había mandado edificar una tumba en la capital egipcia. Según el relato de Plutarco y de Dion Casio, después de la batalla de Accio, Cleopatra construye un mausoleo en Alejandría, donde ella misma se encierra y en el cual recibe el cuerpo de Antonio cuando está muriendo a principios de agosto del 30 a. C. Ambas fuentes coinciden en que esta tumba, como bien nos relatan, estaba sin finalizar en esta ciudad y por ese motivo consigue que el cuerpo de su amado entre por un sistema de cuerdas. Es el mismo enterramiento que ella visitará después para verter libaciones en honor de Antonio.

Por otro lado, lo más probable es que tanto ella como Antonio fuesen momificados. De hecho, Dion Casio nos habla de que él había sido embalsamado. Además, los reyes ptolemaicos no fueron cremados en ningún momento de la historia de la dinastía y, aunque esta práctica funeraria era habitual en Roma, no lo era en Alejandría en lo que se refiere a la realeza.

Plutarco nos cuenta que el mausoleo de la reina se encontraba cerca del templo de Isis. Como ya comentamos en el apartado dedicado a la ciudad de Alejandría, se cree que en la ciudad había varios santuarios dedicados a la diosa, sin embargo, el más importante era el que se hallaba cerca del ágora de la ciudad, en cuya proximidad también se encontraba el templo dedicado por Ptolomeo IV a Isis. Además, si nos basamos en la narración de los autores clásicos, no debía estar lejos del palacio real y por ese motivo la reina pudo visitar la tumba de Antonio antes de suicidarse. En cualquier caso, se encontraba en la zona este de la ciudad. Asimismo, esta tumba no se localizaba dentro del Soma.

Octaviano respetó el deseo de que los amantes fuesen enterrados juntos y la tumba debió de ser terminada bajo su mandato, ya que al morir Cleopatra —como ya señalamos— todavía no está finalizada la obra. Todas las fuentes clásicas (Plutarco, Dion Casio y Suetonio) coinciden en que el romano no sacó el cuerpo de estos de Alejandría. Debemos creer que Octaviano fue respetuoso con su enterramiento, ya que era propio de la mentalidad romana no violentar este tipo de peticiones. Además, en caso de haber querido destruir todo lo relacionado con la reina y Antonio, no hubiese permitido que Octavia cuidase de sus hijos.

En cuanto a las características de su tumba, se ha planteado que fuese de estilo griego; sin embargo, otros autores apuntan que muy probablemente tuviese elementos egipcios, entre otros motivos porque, como hemos visto anteriormente, las tumbas de Alejandría en época de Cleopatra VII poseían características egipcias un tanto alejadas de las griegas, aunque con elementos helenos.

En caso de haber existido este mausoleo y estar ubicado en Alejandría, actualmente estaría sumergido, ya que desde el 365 d. C. parte de la ciudad antigua quedó inundada. Gracias a las excavaciones subacuáticas han salido a la luz a lo largo de las últimas décadas restos arqueológicos que coinciden con las construcciones ptolemaicas alejandrinas. Aunque no se ha encontrado hasta la fecha la tumba de la reina en el mar, los restos arqueológicos que están sumergidos en Alejandría y que se han podido estudiar coinciden con las descripciones de las fuentes clásicas.

Una teoría distinta es la que la abogada y arqueóloga dominicana Kathleen Martínez, con ayuda de Zahi Hawass, ha planteado. Según esta, la tumba de la reina está en Taposiris Magna, donde la está buscando desde 2005. Esta ciudad se encuentra a cuarenta y cinco kilómetros al oeste de Alejandría. Los restos arqueológicos de Taposiris, aunque son escasos, incluyen un templo dedicado a Osiris y a Isis y una torre.

El motivo por el que Kathleen Martínez la está buscando allí se basa en la identificación de Cleopatra y Antonio con Isis y Dioniso-Osiris, respectivamente. Este aspecto fue muy relevante en su mandato, como ya hemos explorado previamente. Además, el culto a Isis en este templo continuó en época romana.

Martínez sostiene que Taposiris podría haber sido un buen lugar de enterramiento para la reina por esta identificación con la diosa, pero también por el sistema de túneles que se encuentra dentro y fuera del templo, el cual habría facilitado que el cuerpo de la reina estuviese bien escondido en un momento tan convulso. Además, se han encontrado restos de personas que fueron enterradas dentro del templo, aunque ninguna de ellas sea de la realeza y no se construyó ninguna tumba, sino que se dispusieron los cuerpos dentro del recinto.

En Taposiris se han descubierto tumbas de época ptolemaica, algunas de ellas con momias, lo cual no nos debe extrañar, porque era la práctica ritual habitual. Zahi Hawass ha planteado que en el templo debió de estar enterrada una persona importante, como Cleopatra VII, ya que algunas de las momias se encontraron con el rostro mirando hacia este. Como bien mantiene Chris Naunton, el hecho de que su cabeza esté girada hacia allí no es prueba de que esté enterrada la reina, sino que pudo haber sido simplemente una forma de relacionarse con Isis y Osiris, entre otros motivos porque en la momificación se recreaba el mito osiriano.

Chris Naunton sostiene que el proyecto de Taposiris Magna no ha arrojado pruebas contundentes desde el inicio que apoyen la hipótesis de Kathleen Martínez, la cual contradice las fuentes clásicas que nos hablan de la tumba de la reina y los restos arqueológicos de Alejandría. Esta teoría ha recibido mucha atención por parte de los medios de comunicación, pero le hace falta, quizá, presentar un mayor número evidencias desde el punto de vista científico para reforzar la hipótesis de partida.

Por todo lo expuesto, como bien señala el egiptólogo británico, lo más probable es que la tumba de los amantes se hallase en Alejandría y que no hubiesen sido llevados sus cuerpos en secreto para ser enterrados en Taposiris Magna.

Aunque en algunas ocasiones podemos sospechar de las fuentes clásicas, en este caso nada apunta a que los cuerpos de Antonio y Cleopatra peligrasen de haber sido enterrados en la capital egipcia. Es posible que Octaviano hubiese deseado que su tumba no se convirtiese en un lugar de peregrinación, pero la victoria sobre la reina y la aparición de Octaviano en templos egipcios realizando ofrendas a los dioses apunta a que no debió de ser un problema ni en el corto ni en el largo plazo. La amenaza de la reina egipcia no existía para él tras la muerte de Cleopatra. Había conseguido vencerla, por lo que, en el caso de convertirse en un lugar de peregrinación, hubiese sido la tumba de quienes fueron sometidos por él y por Roma, un símbolo de su victoria. Además, al morir Cesarión y controlar a los demás hijos de la reina, se agotaba la posibilidad de que este fuese un lugar en torno al cual se gestase una revuelta o sublevación en su contra. Por tanto, todo señala a que no existió ninguna necesidad de esconder los cuerpos ni de trasladarlos desde la tumba que Cleopatra había construido a otra ciudad egipcia.

Si bien debemos esperar a obtener un mayor número de resultados arqueológicos, ya que su tumba todavía no ha aparecido, lo más probable es que fuesen enterrados en el mausoleo que habían erigido en Alejandría, el cual, posiblemente, se halle en la actualidad bajo las aguas del mar Mediterráneo.

En cuanto al destino de los hijos de la reina tras su muerte, mientras que los hijos de Antonio y Cleopatra permanecieron en la capital egipcia, Cesarión huyó hacia la India. Por orden de Octaviano, fue asesinado en este viaje, unos diez días después de la muerte de su madre. Esto no nos debe extrañar, ya que Cesarión se consideraba hijo de César, por lo que era una amenaza para Octaviano por este motivo, pero también porque era el rey de Egipto. Recordemos que Cleopatra VII gobernó durante muchos años con su hijo, y que juntos ocupaban el trono, aunque el poder efectivo lo ejerciera ella. Por tanto, Octaviano no mandó matar únicamente a un niño, sino al rey del país al que había vencido.

A su muerte, los hijos de Antonio con Cleopatra (Alejandro, Cleopatra y Ptolomeo) fueron cuidados por Octavia en Roma. Posteriormente, Cleopatra Selene fue casada con Juba II de Mauritania, con el cual tuvo un hijo, Ptolomeo, que acabó siendo condenado por Calígula.

Conclusiones

A lo largo de este viaje por la vida y el tiempo de Cleopatra hemos podido observar cómo ha sido un personaje muy mitificado, sobre el que se han inventado todo tipo de historias, incluso hoy en día. Debido a que era una reina egipcia y a que fue vencida por los romanos, desconocemos cuál habría sido su versión de los hechos, porque solo nos ha llegado el relato de los vencedores. Al igual que sucede con otras figuras históricas que se han visto afectadas por el relato de los vencedores, se ha narrado su vida desde un punto de vista que la presenta como el adversario definitivo de Roma: una persona inteligente que utiliza ese conocimiento para el beneficio propio, egoísta, perversa, sexualizada e incluso desleal.

Como bien se apuntó al inicio de este libro, debemos pensar que Cleopatra fue una reina y, en este sentido, no hizo nada impropio de un gobernante de la época. Además, cuando se señala que mantuvo relaciones sexuales para mantener su poder no debemos olvidar que durante la mayor parte de la historia ha habido matrimonios de conveniencia, y, aunque su unión con Julio César o con

Marco Antonio no fuera reconocida por Roma, fueron relaciones que se establecieron para un beneficio mutuo. Por un lado, ella no tuvo más opción que establecer estas alianzas con los romanos, al igual que había hecho su padre, y, por otro lado, ellos, Julio César y Marco Antonio, se beneficiaron sobre todo de los recursos económicos que les ofrecía Egipto para sus guerras o beneficio personal.

En palabras de Lloyd Llewellyn-Jones y Alex McAuley: «Cleopatra VII no hizo un plan maestro elaborado para la dominación del mundo antiguo. De hecho, su gobierno fue una serie de incidentes en los cuales ella reaccionó a los caprichos que la vida le lanzó». Por todo ello debemos empezar a pensar en Cleopatra de una forma más humana y comprender que se adaptó a las adversidades del momento. En ello jugó un rol fundamental su inteligencia, pero no debemos achacar a sus soluciones una malicia extraordinaria.

Por ese motivo es muy importante representar a Cleopatra en su contexto, como hemos hecho aquí, sin obviar a todas las reinas que la precedieron y a cuál era la situación política, tanto interna como externa, que heredó de su padre cuando inició su reinado.

En cuanto a la relación con sus hermanos, no nos debe extrañar que existiesen estas disputas, ya que era un *modus operandi* habitual en la dinastía ptolemaica mucho antes de que ella naciese. Al mismo tiempo, no debió de ser fácil para ella, al igual que no lo sería para cualquier otro rey, tener que gestionar una buena relación con Roma y una mala situación económica dentro del país.

CONCLUSIONES

Por este motivo tampoco podemos exigirle que hubiese sido más inteligente, que se mantuviese al margen de los problemas de los triunviros, ya que gracias a su padre esta relación con ellos estaba casi asegurada y debía posicionarse. Era un destino casi inevitable para ella.

Por ello, no debemos considerar que ella tuvo la culpa de la pérdida de Egipto, sino que era un destino que se estaba gestando mucho antes de que Cleopatra llegase al poder. Tampoco podemos imaginar que, de haberse tratado de otro gobernante, Egipto se hubiese salvado, ya que como se vio en el desarrollo de la guerra de Alejandría, sus hermanos, Ptolomeo XIII y Arsínoe, tampoco tuvieron una estrategia vencedora.

En cuanto a todo lo que se dice sobre Cleopatra, si era bella, cuál era su color de piel, si se bañaba en leche de burra..., resulta muy interesante considerar por qué a nivel cultural nos preocupan estas características, cuando no nos cuestionamos este tipo de detalles de otros personajes históricos, como por ejemplo Alejandro Magno. Sin embargo, en el caso de ella nos inquieta siempre la duda de si era bella o si realmente gozaba en su intimidad tanto como se dice. Desconocemos cuál era su aspecto físico porque no poseemos un retrato fiel a su figura y porque, además, las representaciones que se hicieron de ella difieren unas de otras considerablemente.

Como hemos podido apreciar, la belleza es un concepto cultural que cambia a lo largo de la historia, y, para discernir el éxito de alguien en este sentido, debemos considerar que no es solo la belleza objetiva, sino también el atractivo de esa persona lo que se valora. En el atractivo, juegan un papel muy relevante la capacidad de conversación, el humor o la inteligencia del sujeto. Según las fuentes antiguas, Cleopatra era, sin duda, atractiva. Sin embargo, no podemos conocer si objetivamente era bella, ya que autores como Cicerón consideraban que no era tan guapa como Octavia; la belleza es algo cultural y ella era extranjera, por lo que siempre iban a considerar más bella a una romana. Según la propaganda octaviana, no consiguió seducir al futuro Augusto, porque sus valores como romano estaban por encima de ella. En ese sentido, Octaviano, al no someterse a la belleza de la reina egipcia, aparecía como el defensor de la moral romana. El hecho de que se la represente como una mujer con un gran atractivo es una forma de expresar que era un gran adversario para Roma, y que por ese motivo consiguió seducir a dos de los grandes hombres de la época, Julio César y Marco Antonio.

En lo que respecta a su inteligencia, que va de la mano de su atractivo, es importante poner de manifiesto que era reina, y como tal fue educada en un ambiente exquisito para la época. Por tanto, hubiese sido muy poco probable que ella no hubiese tenido los conocimientos suficientes para hacer frente a la gestión política de su país. Por ese motivo, no nos debe extrañar que tuviese las habilidades suficientes en ese sentido.

Sin embargo, en la batalla de Accio se la representa como una mujer que se dejó llevar por sus pasiones, cobarde y desleal. No debemos tomarnos al pie de la letra lo que

CONCLUSIONES

nos cuentan para desprestigiarla y, dado que los autores hacen propaganda de esta derrota, considerar la posibilidad de que su huida debió de poseer un sentido práctico, como lo es evitar el fuego hacia su nave y salir con vida.

El gusto por el exceso que se le atribuye en numerosas ocasiones debió de situarse entre el mito y la realidad. No podemos olvidar que las costumbres ptolemaicas eran diferentes a las romanas, por lo que la forma de realizar un banquete también era distinta. En este sentido, seguramente los banquetes de la corte egipcia podrían haber sido excesivos para un romano.

En cuanto a su gestión como monarca dentro de Egipto, resulta muy interesante observar a través de las fuentes egipcias cómo mantiene una tradición ptolemaica en su relación con el clero. Los Ptolomeos se habían apoyado en el clero egipcio a través de la construcción de grandes templos al sur del Nilo, en el Alto Egipto, pero también habían establecido un vínculo muy fuerte con los sacerdotes de Menfis, que eran los encargados de coronar al rey. Vamos a observar cómo ella va a mantener esta buena relación, sobre todo cuando celebra el rito del toro Bujis y cuando construye el *mammisi* de Hermontis para celebrar el nacimiento de Cesarión. Cleopatra, al igual que el resto de los reyes de su dinastía, respetó la religión egipcia e incluso participó en su culto al vincularse con la diosa egipcia Isis.

Un problema grave con el que nos encontramos al aproximarnos a su figura es que, cuando se habla de ella, siempre es en relación con tres romanos: Julio César,

Marco Antonio y Octaviano. Resulta muy complicado conocer en profundidad cuáles eran sus deseos, sus pensamientos o la estrategia detrás de sus decisiones por ser un añadido en biografías de tres grandes hombres de Roma. Las fuentes egipcias no nos cuentan nada sobre ella en este sentido y las fuentes arqueológicas tampoco nos aportan un relato con el que reconstruir la biografía de la reina de una forma fidedigna y alejada de los escritores grecolatinos.

Por todo ello hay que ser cautos a la hora de aproximarnos a quién fue Cleopatra en realidad. No solo ha sido un personaje muy mitificado, sino que las fuentes son poco esclarecedoras.

Debemos dejar de imaginarnos a Cleopatra como esa mala mujer, pero tampoco hay que caer en el error de dibujarla como una heroína.

Cleopatra es, y siempre será, el punto final de lo que conocemos como el Egipto faraónico. Ella ha dejado un legado que, durante siglos, ha generado una gran fascinación, en gran medida por toda la leyenda creada por parte de los grandes nombres romanos que se sitúan en torno a su figura. Gracias a esta fascinación, en este libro hemos podido abrir una puerta que nos ha introducido a la historia ptolemaica y a la cultura del antiguo Egipto, así como a sus reinas o a los grandes problemas a los que se enfrentaron las gentes del Nilo durante su gobierno.

Con nostalgia y admiración, cerramos la puerta de la habitación donde pereció, para despedirnos de la última reina del antiguo Egipto.

Agradecimientos

A Sara Esturillo, por pensar en mí para este proyecto y haberme propuesto hablar sobre la última reina de Egipto. Sin ella no hubiese podido emprender este maravilloso viaje del que tanto he disfrutado.

A todas las mujeres que me han precedido, a mi madre Belén, a mis abuelas, Pepita y Toché; a mis bisabuelas, Carmen y Pepa, las cuales me han enseñado que con trabajo y esfuerzo siempre se puede salir adelante.

A Celia Sánchez Natalías y a Patricia González Gutiérrez por darme su punto de vista sobre algunas cuestiones que aparecen en este libro. También a Pedro Huertas y a Guillermo José Cano por haber resuelto algunas de mis dudas más técnicas.

No puedo dejar pasar la ocasión para darles las gracias a todos los investigadores que han contribuido a mi formación durante mi etapa predoctoral. También a mis colegas de profesión, que me siguen animando y apoyando en esta etapa posdoctoral. Y, por supuesto, dar las gracias a mi universidad, la Universidad Eclesiástica San Dámaso, donde tengo el inmenso placer de poder dar clase.

CLEOPATRA

Y, por último, agradecer también a todas las personas que confían en mi trabajo de divulgación desde hace años y que me han permitido seguir transmitiendo mi pasión por el antiguo Egipto.

Cronología

70 o 69 a. C.	Nacimiento de Cleopatra
58 a. C.	Exilio de Ptolomeo XII a Roma
56 a. C.	Coronación de Berenice IV
55 a. C.	Ptolomeo XII vuelve a gobernar Egipto
51 a. C.	Muerte de Ptolomeo XII Acceso al trono de Ptolomeo XIII y Cleopatra VII Rituales dedicados al toro Bujis en Hermontis
49 a. C.	Muerte del toro Apis en Menfis Expulsión de Cleopatra VII del gobierno
48 a. C.	Exilio de Cleopatra VII Batalla de Pelusio Asesinato de Pompeyo Guerra de Alejandría Encuentro de Julio César y Cleopatra VII
47 a. C.	Fin de la guerra de Alejandría Muerte de Ptolomeo XIII Captura de Arsínoe IV Crucero por el Nilo de César y Cleopatra Nacimiento de Ptolomeo XV César (Cesarión)
46 a. C.	Viaje de Ptolomeo XIV y Cleopatra VII a Roma

44 a. C.	Viaje de Cleopatra VII a Roma Idus de marzo (muerte de Julio César) Huida de Cleopatra VII de Roma Muerte de Ptolomeo XIV Asociación de Cesarión al reinado de Cleopatra
43 a. C.	Pacto de Cleopatra con Dolabela Creación del triunvirato de Marco Antonio, Lépido y Octaviano
42 a. C.	Batalla de Filipos
41 a. C.	Encuentro entre Marco Antonio y Cleopatra en Tarso Llegada de Marco Antonio a Alejandría
40 a. C.	Nacimiento de Alejandro Helios y Cleopatra Selene Muerte de Fulvia Tratado de Bríndisi Matrimonio de Marco Antonio y Octavia
36 a. C.	Nacimiento de Ptolomeo Filadelfo Continúa la guerra de Antonio contra los partos en Armenia Rescate de Cleopatra a Antonio en su guerra contra los partos
35 a. C.	Octavia marcha a Armenia con refuerzos
34 a. C.	Antonio celebra un «triunfo» en Alejandría Donaciones de Alejandría: Cesarión recibe el título de «rey de reyes» y Antonio le reconoce como hijo de César; Alejandro Helios recibe Armenia y otros territorios asiáticos; Cleopatra Selene adquiere Cirene y Libia; Ptolomeo Filadelfo recibe Fenicia, Cilicia y territorios en Siria Supuesto matrimonio entre Antonio y Cleopatra
33 a. C.	Propaganda en contra de Antonio por Octaviano Antonio reúne sus fuerzas en Anatolia Finalización del pacto de cinco años del triunvirato

CRONOLOGÍA

32 a. C.	Llegada de Domicio Enobarbo y Cneo Sosio a Éfeso en su huida de Roma a favor de Antonio Cleopatra y Antonio están en Éfeso Cambio de la sede a Samos Festivales en honor a Dioniso en Samos Cambio de la sede de operaciones a Atenas Antonio pide el divorcio a Octavia Octaviano se hace con el testamento de Antonio El Senado revoca el *imperium* militar de Antonio y le quita el consulado al año siguiente Cleopatra es declarada enemiga de Roma Antonio y Cleopatra se marchan a Patras en invierno
31 a. C.	Batalla de Accio el 2 de septiembre Huida de Cleopatra a Egipto Antonio se marcha a la Cirenaica para continuar la guerra, pero el gobernador no le apoya, por lo que se va a Alejandría Cleopatra se prepara para huir a Arabia o la India
30 a. C.	Llegada de Octaviano a Egipto el 1 de agosto Cleopatra se encierra en el mausoleo Antonio se suicida con cincuenta y dos años Cleopatra y sus hijos, excepto Cesarión, son custodiados por Octaviano para llevarlos a Roma Cesarión huye a la India Suicidio de Cleopatra con treinta y nueve o cuarenta años el 10 de agosto Muerte de Cesarión Octaviano declara el fin de la dinastía ptolemaica el 29 de agosto

Genealogía

La dinastía ptolemaica

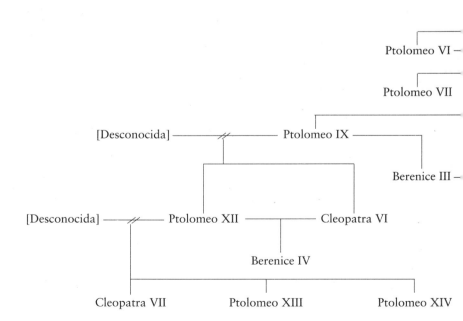

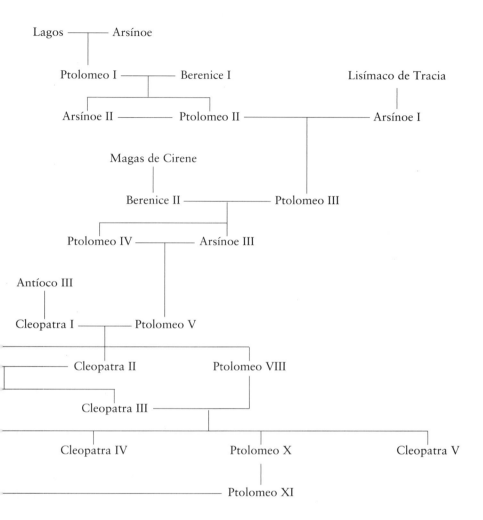

La descendencia de Cleopatra

Mapas

MAPAS

Mapa de Egipto en época de Cleopatra.

Plano de Alejandría.

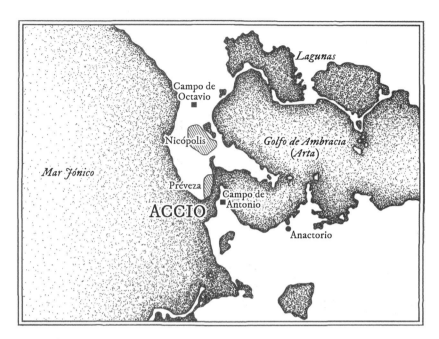

Mapa de Accio.

Bibliografía

Capítulo 1

Allen, James P. (2005), *The Ancient Egyptian Pyramid Texts*, Atlanta (Estados Unidos), Society of Biblical Literature.

Asthon, Sally-Ann (2008), *Cleopatra and Egypt*, Oxford, Blackwell Publishing.

— (2014), *The Last Queens of Egypt*, Londres, Routledge.

Bard, Kathryn A. (2007), «La aparición del Estado egipcio (c. 3000-2686 a. C.)», en Shaw, I., ed., *Historia del Antiguo Egipto*, Madrid, La Esfera de los Libros, pp. 93-126.

Balasch Recort, Manuel (1981), *Polibio. Historias. Libros V-XV*, traducción y notas de Manuel Balasch *Recort*, Madrid, Editorial Gredos.

Bourriau, Janine (2007), «El Segundo Periodo Intermedio (c. 1650-1550 a. C.)», en Shaw, I., ed., *Historia del Antiguo Egipto*, Madrid, La Esfera de los Libros, pp. 241-285.

Brewer, Douglas J. y Teeter, Emily (1999), *Egypt and the Egyptians*, Cambridge, Cambridge University Press.

Bryan, Betsy (2007), «La XVIII Dinastía antes del Periodo Amárnico (c. 1550-1352 a. C.)», en Shaw, I., ed., *Historia del Antiguo Egipto*, Madrid, La Esfera de los Libros, pp. 287-358.

Callender, Gae (2007), «El Renacimiento del Reino Medio (c. 2055-1650 a. C.)», en Shaw, I., ed., *Historia del Antiguo Egipto*, Madrid, La Esfera de los Libros, pp. 197-240.

— (2012), «Female Horus: The Life and Reign of Tausret», en Wilkinson, R. H., ed., *Tausret: Forgotten Queen and Pharaoh of Egypt*, Oxford, Oxford University Press, pp. 25-47.

Creasman, Pearce Paul (2014), «Hatshepsut and the Politics of Punt», *The African Archaeological Review*, 31(3), pp. 395-405.

Diamond, Kelly-Anne (2021), «Gender, Deities, and the Public Image of Sobekneferu», *Near Eastern Archaeology*, 84.4, pp. 272-280.

Donnelly Carney, Elizabeth (2013), *Arsinoë of Egypt and Macedon: A Royal Life*, Oxford, Oxford University Press.

Dorman, Peter F. (2005a), «Hatshepsut: Princess to Queen to Co-Ruler», en Roehrig, Catharine H., Dreyfus, Renée y Keller, Cathleen A., eds., *Hatshepsut: From Queen to Pharaoh*, Metropolitan Museum of Art; Yale University Press, pp. 87-90.

— (2005b), «The career of Senenmut», en Roehrig, Catharine H., Dreyfus, Renée y Keller, Cathleen A., eds., *Hatshepsut: From Queen to Pharaoh*, Metropolitan Museum of Art, Yale University Press, pp. 107-111.

Erman, Adolf (1971), *Life in Ancient Egypt*, Nueva York, Dover Publications.

Faulkner, Raymond O. (1973), *The Ancient Egyptian Coffin Texts. Volume I. Spells 1-354*, Warminster (Reino Unido), Aris & Phillips.

— (1977), *The Ancient Egyptian Coffin Texts. Volume II. Spells pp. 355-787*, Warminster (Reino Unido), Aris & Phillips.

— (1978), *The Ancient Egyptian Coffin Texts. Volume III. Spells 788-1185 & Indexes*, Warminster (Reino Unido), Aris & Phillips.

Hawass, Zahi (2022), «Las mujeres en el Egipto faraónico», en *Hijas del Nilo. Mujer y sociedad en el Antiguo Egipto*, Madrid, Grupo Eulen, pp. 16-37.

Hilliard, Kristina y Wurtzel, Kate (2009), «Power and Gender in Ancient Egypt: The Case of Hatshepsut», *Art Education*, 62(3), pp. 25-31.

Hölbl, Günther (2001), *A History of the Ptolemaic Empire*, Nueva York, Routledge.

Izquierdo Perales, Alejandra (2024), *Osiris: El dios de la momificación*, Madrid, Editorial Dilema.

Jánosi, Peter (1992), «The Queens of the Old Kingdom and Their Tombs», *The Bulletin of The Australian Centre for Egyptology*, 3, pp. 51-58.

Keller, Cathleen A. (2005), «The joint reign of Hatshepsut and Thutmose III», en Roehrig, Catharine H., Dreyfus, Renée y Keller, Cathleen A., eds., *Hatshepsut: From Queen to Pharaoh*, Metropolitan Museum of Art; Yale University Press, pp. 96-100.

Kessler, Dieter (1997), «Tanis y Tebas. Historia política de las dinastías XXI a XXX», en Schulz, Regine y Seidel, Matthias, eds., *Egipto. El mundo de los faraones*, Madrid, Könemann, pp. 270-275.

Leprohon, Ronald J. (2013), *The Great Name: Ancient Egyptian Royal Titulary*, Atlanta, Society of Biblical Literature.

Llewellyn-Jones, Lloyd y McAuley, Alex (2023), *Sister-Queens in the High Hellenistic Period: Kleopatra Thea and Kleopatra III*, Nueva York, Routledge.

Lloyd, Alan B. (2007), «La Baja Época (c. 664-332 a. C.)», en Shaw, I., ed., *Historia del Antiguo Egipto*, Madrid, La Esfera de los Libros, pp. 481-510.

Malek, Jaromir (2007), «El Reino Antiguo (c. 2686-2125 a. C.)», en Shaw, I., ed., *Historia del Antiguo Egipto*, Madrid, La Esfera de los Libros, pp. 127-158.

Marrou, Henry-Irénée (1985), *Historia de la educación en la Antigüedad*, Madrid, Akal.

Minas-Nerpel, Martina (2011), «Cleopatra II and III: The queens of Ptolemy VI and VIII as guarantors of kingship and rivals for power», en Jördens, Andrea y Quack, Joachim Friedrich, eds., *Ägypten zwischen innerem Zwist und äußerem Druck. Die Zeit Ptolemaios' VI. bis VIII. Internationales Symposion Heidelberg 16.-19.9.2007*, Wiesbaden, Harrassowitz, pp. 58-76.

Pomeroy, Sarah B. (1984), *Women in Hellenistic Egypt: from Alexander to Cleopatra*, Nueva York, Shocken Books.

Ratié, Suzanne (1979), *La Reine Hatchepsout: Sources et Problèmes*, Leiden, Brill.

Redford, Donald B. (1992), *Egypt, Canaan and Israel in ancient times*, Princeton, Princeton University Press.

Robins, Gay (1996), *Las mujeres en el Antiguo Egipto*, Madrid, Akal.

— (1999), «The Names of Hatshepsut as King». *The Journal of Egyptian Archaeology*, 85, pp. 103–112.

Roller, Duane W. (2023), *Cleopatra: biografía de una reina*, Madrid, Desperta Ferro Ediciones.

Roth, Ann Macy (2005), «Models of Authority: Hatshepsut's Predecessors in Power», en Roehrig, Catharine H., Dreyfus,

Renée y Keller, Cathleen A., eds., *Hatshepsut: From Queen to Pharaoh*, Nueva York, The Metropolitan Museum of Art, pp. 9-14.

Roth, Silke (2009), «Queen», *UCLA Encyclopedia of Egyptology*, consultado el 22 de febrero de 2024 en: <http://digital2.library.ucla.edu/viewItem.do?ark=21198/zz001nf7cg>.

Sánchez Hernández, Juan Pablo y González González, Marta (2009), *Plutarco. Vidas Paralelas. VII. Demetrio-Antonio. Dion-Bruto. Arato-Artajerjes. Galba*-Otón, introducción, traducción y notas de Juan Pablo Sánchez Hernández y Marta González González. Madrid, Editorial Gredos.

Seidlmayer, Stephan (2007), «El Primer Periodo Intermedio (c. 2160-2055 a. C.)», en Shaw, I., ed., *Historia del Antiguo Egipto*, Madrid, La Esfera de los Libros, pp. 159-196.

Stevenson Smith, W. (1962), *The Old Kingdom in Egypt and the Beginning of the First Intermediate Period*, Cambridge, Cambridge University Press.

Taylor, John (2007), «El Tercer Periodo Intermedio (c. 1069-664 a. C.)», en Shaw, I., ed., *Historia del Antiguo Egipto*, Madrid, La Esfera de los Libros, pp. 431-480.

Textos de las pirámides

Textos de los ataúdes

Troy, Lana (2002), «The Ancient Egyptian Queenship as an Icon of the State», *NIN*, 3, 1-24.

Tyldesley, Joyce (2000), *Ramesses: Egypt's Greatest Pharoh*, Londres, Penguin.

— (2006), *Chronicle of the Queens of Egypt: From the Early Dynastic Times to the Death of Cleopatra*, Londres, Thames & Hudson.

— (2009), *Cleopatra: Last Queen of Egypt*, Londres, Profile Books.

Van Dijk, Jacobus (2007), «El Periodo Amárnico y el Final del Reino Nuevo (c. 1352-1069 a. C.)», en Shaw, I., ed., *Historia del Antiguo Egipto*, Madrid, La Esfera de los Libros, pp. 359-410.

Whitehorne, John (1994), *Cleopatras*, Londres, Routledge.

Capítulo 2

Afsaruddin, Asma (1990), «The Great Library at Alexandria», *American Journal of Economics and Sociology*, 49.

Amela Valverde, Luis (2020), *Varia Nummorum XII*, Sevilla, Punto Rojo Libros.

Aufrère, Sydney H. y Marganne, Marie-Hélène (2019), «Encounters Between Greek and Egyptian Science», en Vandorpe, Katelijn, ed., *A Companion to Greco-Roman and Late Antique Egypt*, Singapur, Wiley Blackwell, pp. 501-518.

Bäbler, Balbina (2021), «Whose 'Glory of Alexandria'? Monuments, Identities, and the Eye of the Beholder», en Schliesser, Benjamin, Rüggemeier, Jan, Kraus, Thomas J., y Frey, Jörg, eds., *Alexandria: Hub of the Hellenistic World*, Tubinga, Mohr Siebeck, pp. 29-48.

Ballet, Pascale (1999), *La vie quotidienne à Alexandrie 331-30 av. J.-C*, París, Hachette Littératures.

Bosch Puche, Francisco (2017), «La ocupación macedónica y la Dinastía Lágida. Impacto político, económico y social», *TdE*, 8, pp. 33-73.

Bricault, Laurent (2019), *Isis Pelagia: Images, Names and Cults of a Goddess of the Seas*, Leiden, Brill.

BIBLIOGRAFÍA

Burns, Thomas S. (2009), *Rome and the Barbarians, 100 B.C. – A. D. 400*, Baltimore, Johns Hopkins University Press.

Candau Morón, José María y Puertas Castaños, María Luisa (2004), *Dion Casio. Historia Romana. Libros XXXVI-XLV*, traducción y notas de José María Candau Morón y María Luisa Puertas Castaños, Madrid, Editorial Gredos.

Chugg, Andrew Michael (2024), *The Pharos Lighthouse in Alexandria: Second Sun and Seventh Wonder of Antiquity*, Nueva York, Routledge.

Cohen, Getzel M. (2006), *The Hellenistic Settlements in Syria, the Red Sea Basin, and North Africa*, Londres, University of California Press.

Dickenson, Christopher P. (2017), *On the Agora. The Evolution of a Public Space in Hellenistic and Roman Greece (c. 323 BC – 267 AD)*, Leiden, Brill.

Dunand, Françoise (1981), «Fête et propagande à Alexandrie sous les Lagides», en F. Dunand, ed., *La fête, pratique et discours: d'Alexandrie hellénistique à la mission de Besaçon*, París, Les Belles Lettres, pp. 13-40.

Empereur, J. Y. (2018), «New data concerning the foundation of Alexandria», en Zerefos, C. S. y Vardinoyannis, M. V., eds., *Hellenistic Alexandria. Papers presented at the conference held on December 13-15 2017 at Acropolis Museum, Athens*, Oxford, Archaeopress, pp. 3-12.

Erman, Adolf (1971), *Life in Ancient Egypt*, Nueva York, Dover Publications.

Fraser, P. M. (1972), *Ptolemaic Alexandria. I. Text*, Oxford, Clarendon Press.

García Alonso, Juan Luis, De Hoz García Bellido, Mª Paz y Torallas Tovar, Sofía (2015), *Estrabón. Geografía, Libros XV-XVII*, introducción, traducción y notas de Juan Luis García Alonso, Mª Paz De Hoz García-Bellido y Sofía Torallas Tovar, Madrid, Editorial Gredos.

Holgado Redondo, Antonio (1984), *M. Anneo Lucano. Farsalia*, introducción, traducción y notas de Antonio Holgado Redondo, Madrid, Editorial Gredos.

Honigman, Sylvie (2021), «The Shifting Definition of Greek Identity in Alexandria through the Transition from Ptolemaic to Roman Rule», en Schliesser, Benjamin, Rüggemeier, Jan, Kraus, Thomas J., y Frey, Jörg, eds., *Alexandria: Hub of the Hellenistic World*, Tubinga, Mohr Siebeck, pp. 125-144.

Huber, M. Traugott (2019), *Pharaoh Alexander the Great: his Tomb, his Sarcophagus, and his Mummy*, Norderstedt, Books on Demand.

Izquierdo Perales, Alejandra (2023), *La identificación del muerto con Osiris durante el Egipto ptolemaico*, Universidad Complutense de Madrid.

Johnson, Janet H. (1986), «The Role of the Egyptian Priesthood in Ptolemaic Egypt», en Lesko, L. H., ed., *Egyptological Studies in Honor of Richard A. Parker. Presented on the occasion of his 78th Birthday December 10*, Londres, University Press of New England, pp. 70-84.

Lang, Philippa (2013), *Medicine and Society in Ptolemaic Egypt*, Leiden, Brill.

Manning, J. G. (2003), *Land and Power in Ptolemaic Egypt. The Structure of Land Ternure 332-30 BCE*, Cambridge, Cambridge University Press.

Maravela, Anastasia (2023), *Greek Meets Egyptian at the Tem-*

ple Gate: Bilingual Papyri from Hellenistic and Roman Egypt (Third Century BCE–Fourth Century CE), Cambridge, Cambridge University Press.

McKenzie, Judith (2007), *The Architecture of Alexandria and Egypt, 300 BC - AD 700*, New Haven, Yale University Press.

Miller, Stella G. (2016), «Hellenistic Royal Palaces», en Miles, Margaret M., ed., *A Companion to Greek Architecture*, Oxford, John Wiley & Sons, pp. 288-299.

Muñiz Grijalvo, E. (2012), «Isis, diosa del Nilo, y el mar», en Ferrer Albelda, Eduardo, Marín Ceballos, Mª Cruz y Pereira Delgado, Álvaro, coords., *La religión del mar: Dioses y ritos de navegación en el Mediterráneo Antiguo*, Sevilla, Secretariado de publicaciones de la Universidad de Sevilla, pp. 145-154.

Paganini, Mario C. D. (2022), *Gymnasia and Greek Identity in Ptolemaic Egypt*, Oxford, Oxford University Press.

Pomeroy, Sarah B., Burstein, Stanley M., Donlan, Walter y Tolbert Roberts, Jennifer (2001), *La Antigua Grecia: Historia política, social y cultural*, Barcelona, Crítica.

Prose, Francine (2022), *Cleopatra: Her History, Her Myth*, New Heaven, Yale University Press.

Ramírez de Verger, Antonio y Agudo Cubas, Rosa María (1992), *Suetonio. Vida de los Doce Césares I,* introducción general de Antonio Ramírez de Verger y traducción de Rosa Mª Agudo Cubas, Madrid, Editorial Gredos.

Reymond, E. A. E. (1977), «Alexandria and Memphis. Some historical observations. Part I», *Orientalia, NOVA SERIES*, 46 (1), pp. 1-24.

Skafte Jensen, Minna (2009), «Homeric Scholarship in Alexandria», en Hinge, George y Krasilnikoff, Jens A., eds., *Alexan-*

dria: A Cultural and Religious Melting Pot, Aarhus, Aarhus University Press, pp. 80-93.

Serantes, Arantxa (2007), «Los sabios y los reyes: la biblioteca de Alejandría», en Romero Portilla, Paz y Reyes García Hurtado, Manuel, eds., *De culturas, lenguas y tradiciones. II simposio de estudios humanísticos*, La Coruña, Universidade da Coruña, pp. 107-119.

Sterling, Gregory E. (2021), «"The Largest and Most Important" Part of Egypt: Alexandria according to Strabo», en Schliesser, Benjamin, Rüggemeier, Jan, Kraus, Thomas J., y Frey, Jörg, eds., *Alexandria: Hub of the Hellenistic World*, Tubinga, Mohr Siebeck, pp. 3-28.

Tallet, Gaëlle (2021), *La splendeur des dieux: quatre études iconographiques sur l'hellénisme égyptien. Vol I y II*, Leiden, Brill.

Thompson, Dorothy J. (1988), *Memphis under the Ptolemies*, Princeton, Princeton University Press.

— (2009), «The Multilingual Environment of Persian and Ptolemaic Egypt: Egyptian, Aramaic, and Greek Documentation», en Bagnall, R. S., ed., *The Oxford Handbook of Papyrology*, Oxford, Oxford University Press, pp. 395-417.

Torallas Tovar, Sofía (2005), *Identidad lingüística e identidad religiosa en el Egipto grecorromano*, Barcelona, Reial Acadèmia de Bones Lletres.

— (2010), «Linguistic Identity in Graeco-Roman Egypt», en *The Multilingual Experience in Egypt, from the Ptolemies to the Abbasids*, Surrey, Ashgate Publishing, pp. 17-43.

Torallas Tovar, Sofía y Vierros, Marja Kaisa (2019), «Languages, scripts, literature, and bridges between cultures», en Vandorpe, Katelijn, ed., *A Companion to Greco-Roman and Late Antique Egypt*, Singapur, Wiley Blackwell, pp. 485-499.

Vant't Dack, Edmond (1983), «L'armée Lagide de 55 à 30 av. J.-C.», *The Journal of Juristic Papyrology*, 19, pp. 77-86.

Venit, Marjorie Susan (2002), *Monumental Tombs of Ancient Alexandria: The Theater of the Dead*, Cambridge, Cambridge University Press.

Capítulo 3

Ager, Sheila L. (2005), «Familiarity Breeds: Incest and the Ptolemaic Dynasty», *Journal of Hellenic Studies*, 125, pp. 1-34.

Asthon, Sally-Ann (2008), *Cleopatra and Egypt*, Oxford, Blackwell Publishing.

Erman, Adolf (1971), *Life in Ancient Egypt*, Nueva York, Dover Publications.

Escolano-Poveda, Marina (2024), «Cleopatra VII: Scholar, Patron, Queen». ARCE. Consultado el 19 de julio de 2024, <https://arce.org/resource/cleopatra-vii-scholar-patron-queen/>.

Fornis Vaquero, César (2016), *Esparta: La historia, el cosmos y la leyenda de los antiguos espartanos*, Sevilla, Editorial Universidad de Sevilla.

Hölbl, Günther (2001), *A History of the Ptolemaic Empire*, Nueva York, Routledge.

Huss, Werner (1990), «Die Herkunft der Kleopatra Philopator», *Aegyptus*, 70, n.º ½, pp. 191-203.

Lazaridis, Nikolaos (2010), «Education and Apprenticeship». *UCLA Encyclopedia of Egyptology*, consultado el 25 de marzo de 2024 en: <https://escholarship.org/content/qt1026h44g/qt1026h44g.pdf>.

Lang, Philippa (2013), *Medicine and Society in Ptolemaic Egypt*, Leiden, Brill.

Legras, Bernard (2019), «Policymakers in a Changing World», en Vandorpe, Katelijn, ed., *A companion to Greco-Roman and late antique Egypt*, Hoboken, John Wiley & Sons, pp. 139-146.

Llewellyn-Jones, Lloyd y McAuley, Alex (2023), *Sister-Queens in the High Hellenistic Period: Kleopatra Thea and Kleopatra III*, Nueva York, Routledge.

Mantas, Konstantinos (2012), «The incorporation of girls in the educational system in Hellenistic and Roman Greece», *Polis. Revista de ideas y formas políticas de la Antigüedad Clásica*, 24, pp. 77-89.

Marrou, Henri-Irénée (1985), *Historia de la educación en la antigüedad*, Madrid, Akal.

Middleton, Russell (1962), «Brother-Sister and Father-Daughter Marriage in Ancient Egypt», *American Sociological Review*, 27, n.º 5, pp. 603-611.

Parreu Alasà, Francisco (2001), *Diodoro de Sicilia. Biblioteca Histórica. Libros I-III. Introducción, traducción y notas de Francisco Parreu Alasà*, Madrid, Editorial Gredos.

Reboreda Morillo, Susana (2010), «El papel educativo de la mujer en la antigua Grecia y su importancia en el mantenimiento de la *polis*». *SALDVIE*, 10, pp. 159-175.

Reymond, E. A. E. (1977), «Alexandria and Memphis. Some historical observations. Part I». *Orientalia, NOVA SERIES*, 46 (1), pp. 1-24.

Roller, Duane W. (2023), *Cleopatra: biografía de una reina*, Madrid, Desperta Ferro Ediciones.

Robinson, Joanne-Marie (2020), *«Blood is thicker than water». Non-Royal Consanguineous Marriage in Ancient Egypt: An Exploration of Economic and Biological Outcomes*, Oxford, Archaeopress.

Tyldesley, Joyce (2009), *Cleopatra: Last Queen of Egypt*, Londres, Profile Books.

Wente, Edward F. (1995), «The Scribes of Ancient Egypt», en Sasson, Jack M., Baines, John, Beckman, Gary y Rubinson, Karen S., eds., *Civilizations of the Ancient Near East. Volume 4*, Nueva York, Charles Scribner's Sons, pp. 2211-2221.

Capítulo 4

Ashour, Sobhi (2013), «An Unpublished Granite Statue of Diskophoros Ephébos in Cairo», *IFAO*, 112, pp. 19-56.

Ashton, Sally-Ann (2011), «Cleopatra, Queen of Egypt», en Miles, Margaret M., ed., *Cleopatra. A Sphinx Revisited*, Berkeley, University of California Press, pp. 21-36.

Attalus (2020), *Epitaphs of Buchis Bulls*. Consultado el 14 de junio de 2024 en: <https://www.attalus.org/egypt/buchis_bull.html>.

Baines, John y Malek, Jaromir (1980), *Atlas of Ancient Egypt*, Oxford, Elsevier.

Bevan, Edwyn R. (1968), *The House of Ptolemy: A History of Egypt under the Ptolemaic Dynasty*, Chicago, Argonaut Inc., Publishers.

Boutantin, Céline (2014), *Terres Cuites et Culte Domestique : Bestiaire de L'Égypte Gréco-romaine*, Leiden, Brill.

Bricault, Laurent y Veymiers, Richard (2022), «The temple of Sarapis in Alexandria», en Quertinmont, Arnaud, ed., Alexandria: past futures, Brussels: Actes Sud, pp. 126-133.

Brophy, Elizabeth (2015), *Royal Statues in Egypt, 300 BC - AD 220. Context and Function*, Oxford, Archaeopress.

Brugsch, Heinrich (1891), *Thesaurus inscriptionum aegyptiacarum: Altaegyptische inschriften, gesammelt, verglichen, übertragen und autographiert*, Leipzig, J. C. Hinrichs.

Charron, Alain (2021), «Dévots et animaux sacrés», en Ikram, Salima, Jessica Kaiser y Porcier, Stéphanie, eds, *The ancient Egyptians and the natural world: flora, fauna, and science*, Leiden, Sidestone, pp. 71-81.

Devauchelle, Didier (1994a), «Les stèles du Sérapéum de Memphis conservées au Musée du Louvre», en *Acta Demotica. Acts of Fifth International Conference for Demotists (Pisa 4th - 8th September 1993)*, Pisa, Giardini, pp. 95-114.

— (1994b), «Notes et documents pour servir à l'histoire du Sérapéum de Memphis (I-V)», *Revue d'Égyptologie*, 45, pp. 75-86.

— (1998), «Une invocation aux dieux du Sérapéum de Memphis», en Clarysse, W., Schoors, A. y Willems, H., dirs., *Egyptian Religion: The Last Thousand Years. Studies Dedicated to the Memory of Jan Quaegebeur*, Leuven, Peeters, pp. 589-611.

— (2001), «La stèle du Louvre IM 8 (Sérapéum de Memphis) et la prétendue date de naissance de Césarion», *Enchoria*, 27, pp. 41-61.

— (2010), «Osiris, Apis, Sarapis et les autres: Remarques sur les

Osiris memphites au Ier millénaire av. J. – C.», en Coulon, L., ed., *Le culte d'Osiris au Ier millénaire av. J. - C. Découvertes et travaux récents. Actes de la table ronde internationale tenue à Lyon Maison d l'Orient et de la Méditerranée (université Lumière – Lyon 2) les 8 et 9 juillet 2005*, El Cairo, IFAO, pp. 49-62.

Dodson, Aidan (2015), «Bull Cults», en Ikram, Salima, ed., *Divine Creatures: Animal Mummies in Ancient Egypt*, El Cairo, The American University in Cairo Press, pp. 72-105.

Dunand, Françoise y Zivie-Coche, Christiane (2004), *Gods and Men in Egypt, 3000 BCE to 395 CE*, Ítaca, Cornell University Press.

García Alonso, Juan Luis, De Hoz García-Bellido, Mª Paz y Torallas Tovar, Sofía, trads., *Estrabón. Geografía. Libros XV-XVII*, introducción, traducción y notas de Juan Luis García Alonso, Mª Paz de Hoz García-Bellido y Sofía Torallas Tovar, Madrid, Editorial Gredos.

Gauthier, Henri (1916), *Le livre des rois d'Égypte: Recueil de titres et protocoles royaux. Vol. 4, De la XXVe dynastie à la fin des Ptolémées*. El Cairo, IFAO.

Goukowsky, Paul (1992), «Fêtes et fastes des Lagides», en Jacob, Christian y De Polignac, François, ed., *Alexandrie IIIe siècle av. J. - C. Tous les savoirs du monde ou le rêve d'universalité des Ptolémées*, París, Éditions Autrement, pp. 152-168.

Gruen, Erich S. (2011), «Cleopatra In Rome: Facts and Fantasies», en Miles, Margaret M., ed., *Cleopatra. A Sphinx Revisited*, Berkeley, University of California Press, pp. 37-53.

Hölbl, Günther (2001), *A History of the Ptolemaic Empire*, Nueva York, Routledge.

Hornung, Erik (1999), *El uno y los múltiples*, Valladolid, Editorial Trotta.

Izquierdo Perales, Alejandra (2019), «El templo de Hathor en Deir el-Medina: un estudio iconográfico en el contexto de los templos ptolemaicos», *Espacio, Tiempo y Forma. Serie VII Historia del Arte*, pp. 161-189.

— (2024), *Osiris: El dios de la momificación*, Madrid, Editorial Dilema.

Kahil, Lilly (1996), «Cults in Hellenistic Alexandria», en *Alexandria and Alexandrianism: papers delivered at a symposium organized by the J. Paul Getty Museum and the Getty Center for the History of Art and the Humanities and held at the Museum April 22-25, 1993*, Malibu, The J. Paul Getty Museum, pp. 75-84.

Kockelmann, Holger (2008), *Praising the Goddess: A Comparative and Annotated Re-Edition of Six Demotic Hymns and Praises Addressed to Isis*, Berlín, Walter de Gruyter.

Lang, Philippa (2013), *Medicine and Society in Ptolemaic Egypt*, Leiden, Brill.

Leprohon, Ronald J. (2013), *The Great Name: Ancient Egyptian Royal Titulary*, Atlanta, Society of Biblical Literature.

Malinine, M., Posener, G. y Vercoutter, J. (1968), *Catalogue des Stèles du Sérapéum de Memphis. Tome Premier. Texte*, París, Éditions des Musées Nationaux.

Manakidou, Flora P. (2020), «The Geography and Mythology of Athletics in Callimachus: Olympia, Magna Grecia, and Alexandria», en Reid, Heather L., Serrati, John y Sorg, Tim, eds., *Conflict and Competition: Agon in Western Greece: Selected Essays from the 2019 Symposium on the Heritage of*

Western Greece (Vol. 5), Parnassos Press - Fonte Aretusa, pp. 203-218.

Mariette-Pacha, Auguste y Maspero, Gaston (1882), *Le Serapeum de Memphis*, París, F. Vieweg.

Mond, Robert y Myers, Oliver H. (1940), *Temples of Armant. A preliminary survey. The text*, Londres, The Egypt Exploration Society.

Morales, Antonio J. (2014), «Los dos cuerpos del rey: cosmos y política de la monarquía egipcia», *Arys: Antigüedad, religiones y sociedades,* 12, pp. 47-86.

Peek, Cecilia M. (2011), «The Queen surveys her realm: the Nile cruise of Cleopatra VII». *The Classical Quarterly,* 61 (2), 595-607.

Pérez-Die, M.ª Carmen, Morales, Antonio J., Martínez de Vega, Vicente, Carrascoso Arranz, Javier y Badillo Rodríguez-Portugal, S. (2018), «Preservar a sus muertos de la muerte. La momia egipcia de Nespamedu en el Museo Arqueológico Nacional», *Boletín del Museo Arqueológico Nacional,* 37, pp. 409-428.

Prose, Francine (2022), *Cleopatra: Her History, Her Myth*, New Heaven, Yale University Press.

Suárez Piñeiro, Ana M.ª (2004), *La crisis de la república romana (133 - 44 a. C.): la alternativa política de los populares*, Santiago, Edicións Lóstrego.

Thiers, Christophe (2021), «Documents anciens et nouveaux relatifs au taureau Boukhis dans la région thebaine», en Thiers, Christophe, ed., *Documents de théologies thébaines tardives (D3T 4)*, Montpellier, Université Paul Valéry, pp. 143-161.

Thompson, Dorothy J. (1988), *Memphis under the Ptolemies*, Princeton, Princeton University Press.

Tyldesley, Joyce (2009), *Cleopatra: Last Queen of Egypt*, Londres, Profile Books.

Vercoutter, J. (1984), «Serapeum», en von Wolfgang Helck, H. y Westendorf, W., eds., *Lexikon der Ägyptologie. Band V. Pyramidenbau - Steingefäße*, Wiesbaden, Otto Harrasowitz, pp. 869-870.

Zivie, C. M. (1982), «Memphis», en von Wolfgang Helck, H. y Westendorf, W., eds., *Lexikon der Ägyptologie. Band IV. Megiddo - Pyramiden*, Wiesbaden, Otto Harrasowitz, pp. 25-42.

Capítulo 5

Alberti's Window. An Art History Blog (2015), *Cleopatra and the Carpet Myth*, consultado el 12 de junio de 2024 en <https://albertis-window.com/2015/02/cleopatra-carpet-myth/>.

Bergua Cavero, Jorge, Bueno Morillo, Salvador y Guzmán Hermida, Juan Manuel (2007), *Plutarco. Vidas Paralelas. VI. Alejandro-César. Agesilao-Pompeyo. Sertorio*-Eúmenes, introducción, traducción y notas de Jorge Bergua Cavero, Salvador Bueno Morillo y Juan Manuel Guzmán Hermida, Madrid, Editorial Gredos.

Canfora, Luciano (1990), *The Vanished Library: A Wonder of the Ancient World*, Berkeley, University of California Press.

Erman, Adolf (1971), *Life in Ancient Egypt*, Nueva York, Dover Publications.

Gruen, Erich S. (2011), «Cleopatra In Rome: Facts and Fantasies», en Miles, Margaret M., ed., *Cleopatra. A Sphinx Revisited*, Berkeley, University of California Press, pp. 37-53.

Hölbl, Günther (2001), *A History of the Ptolemaic Empire*, Nueva York, Routledge.

LSJ The Online Liddle-Scott-Jones Greek-English Lexicon, consultado el 12 de junio de 2024 en <https://stephanus.tlg.uci.edu/lsj/>.

Tyldesley, Joyce (2009), *Cleopatra: Last Queen of Egypt*, Londres, Profile Books.

Pelling, Christopher (2011), *Plutarch Caesar: Translated with an Introduction and Commentary*, Oxford, Oxford University Press.

Prose, Francine (2022), *Cleopatra: Her History, Her Myth*, New Heaven, Yale University Press.

Quetglas, Pere J. y Calonge, Julio, trads. (2005), *Julio César. Guerra Civil. Autores del Corpus Cesariano. Guerra de Alejandría. Guerra de África. Guerra de Hispania. Introducción y notas de Pere J.* Quetglas, traducción de Julio Calonge y Pere J. Quetglas, Madrid, Editorial Gredos.

Roller, Duane W. (2023), *Cleopatra: biografía de una reina*, Madrid, Desperta Ferro Ediciones.

Ready, Aidan (2023), *Caesar's Egypt: The Alexandrian War and the Coming of Empire*, The University of Queensland, Australia.

Vant't Dack, Edmond (1983), «L'armée Lagide de 55 à 30 av. J.-C.», *The Journal of Juristic Papyrology*, 19, 77-86.

Capítulo 6

Asthon, Sally-Ann (2008), *Cleopatra and Egypt*, Oxford, Blackwell Publishing.

Bergua Cavero, Jorge, Bueno Morillo, Salvador y Guzmán Hermida, Juan Manuel (2007), *Plutarco. Vidas Paralelas. VI. Alejandro-César. Agesilao-Pompeyo. Sertorio*-Eúmenes, introducción, traducción y notas de Jorge Bergua Cavero, Salvador Bueno Morillo y Juan Manuel Guzmán Hermida, Madrid, Editorial Gredos.

Candau Morón, José María y Puertas Castaños, María Luisa (2004), *Dion Casio. Historia Romana. Libros XXXVI-XLV*, traducción y notas de José María Candau Morón y María Luisa Puertas Castaños, Madrid, Editorial Gredos.

Cid López, Rosa María (2003), «Marco Antonio y Cleopatra. La leyenda y el fracaso de un sueño político», en Cid López, Rosa María y González González, Marta, eds., *Mitos femeninos de la cultura clásica. Creaciones y recreaciones en la historia y la literatura*, Oviedo, Ediciones KRK, pp. 223-246.

García Vivas, Gustavo (2013), *Octavia contra Cleopatra: El papel de la mujer en la propaganda política del Triunvirato (44-30 a. C.)*, Madrid, Liceus.

Hillard, T. W. (2002), «The Nile Cruise of Cleopatra and Caesar». *The Classical Quarterly*, 52(2), 549-554.

Hölbl, Günther (2001), *A History of the Ptolemaic Empire*, Nueva York, Routledge.

Llewellyn-Jones, Lloyd y McAuley, Alex (2023), *Sister-Queens in the High Hellenistic Period: Kleopatra Thea and Kleopatra III*, Nueva York, Routledge.

Peek, Cecilia M. (2011), «The Queen surveys her realm: the Nile cruise of Cleopatra VII», *The Classical Quarterly*, 61 (2), 595-607.

Ramírez de Verger, Antonio y Agudo Cubas, Rosa María (1992), *Suetonio. Vida de los Doce Césares I*, introducción general de Antonio Ramírez de Verger y traducción de Rosa Mª Agudo Cubas, Madrid, Editorial Gredos.

Rodríguez-Pantoja Márquez, Miguel (1996), *Cicerón. Cartas II. Cartas a Ático (Cartas 162-426)*, introducción, traducción y notas de Miguel Rodríguez-Pantoja Márquez, Madrid, Editorial Gredos.

Roller, Duane W. (2023), *Cleopatra: biografía de una reina*, Madrid, Desperta Ferro Ediciones.

Schiff, Stacy (2010), *Cleoaptra: A Life*, Nueva York, Brown and Co.

Suárez Piñeiro, Ana M.ª (2004), *La crisis de la república romana (133-44 a. C.): la alternativa política de los populares*, Santiago, Edicións Lóstrego.

Tyldesley, Joyce (2009), *Cleopatra: Last Queen of Egypt*, Londres, Profile Books.

Capítulo 7

Asthon, Sally-Ann (2008), *Cleopatra and Egypt*, Oxford, Blackwell Publishing.

Bagnall, Roger S. y Derow, Peter, eds. (2004), *The Hellenistic Period: Historical Sources in Translation*, Oxford, Blackwell Publishing.

Berliner Papyrusdatenbank. «P. 25239: Königlicher Erlass», consultado el 2 de junio de 2024 en: <https://berlpap.smb. museum/05150/?lang=en>.

Cromwell, Jennifer (2020), «On A Document Signed by Cleopatra», en Papyrus Stories: Everyday Stories from the Ancient Past, consultado el 2 de junio de 2024 en <https://papyrus-stories.com/2020/07/20/on-a-document-signed-by-cleopatra/>.

Hazzard, R. A. (2000), *Imagination of a Monarchy: Studies in Ptolemaic Propaganda*, Toronto, University of Toronto Press.

Hölbl, Günther (2001), *A History of the Ptolemaic Empire*, Nueva York, Routledge.

Minnen, Peter van (2000), «An official act of Cleopatra (with a subscription in her own hand)», *Ancient Society*, 30, 29-34.

— (2001), «Further thoughts on the Cleopatra papyrus», *Archiv für Papyrusforschung und verwandte Gebiete*, 47 (1), pp. 74-80.

Muhs, Brian (2016), *The Ancient Egyptian Economy: 3000-300 BCE*, Cambridge, Cambridge University Press.

Izquierdo Perales, Alejandra (2024), *Osiris: El dios de la momificación*, Madrid, Editorial Dilema.

Prose, Francine (2022), *Cleopatra: Her History, Her Myth*, New Heaven, Yale University Press.

Roller, Duane W. (2023), *Cleopatra: biografía de una reina*, Madrid, Desperta Ferro Ediciones.

Ursin, Frank (2020), «"The mother of chemical peeling" - oder: wie Kleopatra zum Bad in Eselsmilch kam», *Thersites*, 12, pp. 38-70.

BIBLIOGRAFÍA

Capítulo 8

Bispham, Edward (2016), «The Civil Wars and the Triumvirate», en Cooley, Alison E., ed., *A Companion to Roman Italy*, Oxford, John Wiley & Sons, pp. 90-102.

Cid López, Rosa María (2000), «Cleopatra: mitos literarios e historiograficos en torno a una reina», *Studia Historica. Historia antigua*, 18, pp. 119-137.

— (2003), «Marco Antonio y Cleopatra. La leyenda y el fracaso de un sueño político», en Cid López, Rosa María y González González, Marta, eds., *Mitos femeninos de la cultura clásica. Creaciones y recreaciones en la historia y la literatura*, Oviedo, Ediciones KRK, pp. 223-246.

— (2016), «Octavia, la novela matrona de la domus de Augusto», en Rodríguez López, Rosalía y Bravo Bosch, María José, eds., *Mujeres en tiempos de Augusto: realidad social e imposición legal*, Valencia, Tirant Humanidades, pp. 307-330.

Cortés Copete, Juan Manuel (2011), *Dion Casio. Historia Romana. Libros L-LX*, traducción y notas de Juan Manuel Cortés Copete, Madrid, Editorial Gredos.

Del Barrio Sanz, E., García Arribas, I., Moure Casas, A. M., Hernández Miguel, L. A. y Arribas Hernáez, M. L. (2003), *Plinio el Viejo. Historia natural. Libros VII-XI*, traducción y notas de E. del Barrio Sanz, I. García Arribas, A. M. Moure Casas, L. A. Hernández Miguel y M. L. Arribas Hernáez, Madrid, Gredos.

Everitt, Anthony (2008), *Augusto: El primer emperador*, Barcelona, Ariel.

García Vivas, Gustavo Alberto (2006), «Una matrona romana y

303

un escritor conciso: Octavia y Veleyo Patérculo (Vell. 2,78,1), *Fortvnatae*, 17, pp. 33-40.

García Vivas, Gustavo (2013), *Octavia contra Cleopatra: El papel de la mujer en la propaganda política del Triunvirato (44-30 a. C.)*, Madrid, Liceus.

González Gutiérrez, Patricia (2023), *Cunnvs: Sexo y poder en Roma*, Madrid, Desperta Ferro Ediciones.

Hazzard, R. A. (2000), *Imagination of a Monarchy: Studies in Ptolemaic Propaganda*, Toronto, University of Toronto Press.

Hölbl, Günther (2001), *A History of the Ptolemaic Empire*, Nueva York, Routledge.

Holgado Redondo, Antonio (1984), *M. Anneo Lucano*. Farsalia, introducción, traducción y notas de Antonio Holgado Redondo, Madrid, Editorial Gredos.

Jones, Prudence J. (2010), «Cleopatra's Cocktail», *Classical World*, 103(2), pp. 207-220.

Llewellyn-Jones, Lloyd y McAuley, Alex (2023), *Sister-Queens in the High Hellenistic Period: Kleopatra Thea and Kleopatra III*, Nueva York, Routledge.

Oliver Segura, Juan Pedro (2016), *Dion Casio. Historia Romana. Libros XLVI-XLIX*, traducción y notas de Juan Pedro Oliver Segura, Madrid, Editorial Gredos.

Prose, Francine (2022), *Cleopatra: Her History, Her Myth*, New Haven, Yale University Press.

Roller, Duane W. (2023), *Cleopatra: biografía de una reina*, Madrid, Desperta Ferro Ediciones.

Rowland, Ingrid D. (2011), «The Amazing Afterlife of Cleopatra's Love Potions», en Miles, Margaret M., ed., *Cleopatra. A Sphinx Revisited*, Berkeley, University of California Press, pp. 132-149.

Sánchez Hernández, Juan Pablo y González González, Marta (2009), *Plutarco. Vidas Paralelas. Demetrio – Antonio, Dión – Bruto, Arato – Artajerjes, Galba – Otón*, introducción, traducción y notas de Juan Pablo Sánchez Hernández y Marta González González, Madrid, Editorial Gredos.

Sánchez Manzano, M.ª Asunción (2001), *Veleyo Patérculo. Historia romana*, introducción, traducción y notas de M.ª Asunción Sánchez Manzano, Madrid, Editorial Gredos.

Schultz, Celia E. (2021), *Fulvia: Playing for Power at the End of the Roman Republic*, Oxford, Oxford University Press.

Tyldesley, Joyce (2009), *Cleopatra: Last Queen of Egypt*, Londres, Profile Books.

Versnel, H. S. (1970), *Triumphus: An inquiry into the origin, development and meaning of the roman triumph*, Leiden, Brill.

Winterling, Aloys (2011), *Caligula: A Biography*, Berkeley, University of California Press.

Capítulo 9

Cavafis, C. P. (2016), *Poemas*, traducción de Ramón Irigoyen. Barcelona, Debolsillo.

Cortés Copete, Juan Manuel (2011), *Dion Casio. Historia Romana. Libros L-LX*, traducción y notas de Juan Manuel Cortés Copete, Madrid, Editorial Gredos.

Fischer-Bovet, Christelle (2014), *Army and Society in Ptolemaic Egypt*, Cambridge, Cambridge University Press.

García Vivas, Gustavo (2013), *Octavia contra Cleopatra: El pa-*

pel de la mujer en la propaganda política del Triunvirato (44-30 a. C.), Madrid, Liceus.

Green, Peter (1990), *Alexander to Actium: The historical evolution of the Hellenistic Age*. Berkeley, University of California Press.

Hjort Lange, Carsten (2011), «The Battle of Actium: A Reconsideration». *The Classical Quarterly*, 61(2), pp. 608-623.

Hölbl, Günther (2001), *A History of the Ptolemaic Empire*. Nueva York, Routledge.

Pitassi, Michael (2023), *Hellenistic Naval Warfare and Warships 336-30 BC*. Yorkshire, Pen & Sword Military Books Limited.

Roller, Duane W. (2023), *Cleopatra: biografía de una reina*. Madrid, Desperta Ferro Ediciones.

Sánchez Hernández, Juan Pablo y González González, Marta (2009), *Plutarco. Vidas Paralelas. Demetrio – Antonio, Dión – Bruto, Arato – Artajerjes, Galba – Otón*, introducción, traducción y notas de Juan Pablo Sánchez Hernández y Marta González González, Madrid, Editorial Gredos.

Sánchez Manzano, Mª Asunción (2001), *Veleyo Patérculo. Historia romana*, introducción, traducción y notas de Mª Asunción Sánchez Manzano, Madrid, Editorial Gredos.

Sánchez Salor, Eustaquio (1982), *Historias. Libros V-VII*, traducción y notas de Eustaquio Sánchez Salor, Madrid, Editorial Gredos.

Sheppard, Si y Hook, Christa (2009), *Actium 31 BC: Downfall of Antony and Cleopatra*, Oxford, Osprey Publishing.

Tyldesley, Joyce (2009), *Cleopatra: Last Queen of Egypt*, Londres, Profile Books.

Capítulo 10

Asthon, Sally-Ann (2008), *Cleopatra and Egypt*, Oxford, Blackwell Publishing.

Chugg, Andrew (2002), «The Sarcophagus of Alexander the Great?», *Greece & Rome*, 49, pp. 8-26.

Cortés Copete, Juan Manuel (2011), *Dion Casio. Historia Romana. Libros L-LX*, traducción y notas de Juan Manuel Cortés Copete, Madrid, Editorial Gredos.

Erskine, Andrew (2002), «Life after Death: Alexandria and the Body of Alexander», *Greece & Rome*, 49, pp. 163-179.

García Vivas, Gustavo (2013), *Octavia contra Cleopatra: El papel de la mujer en la propaganda política del Triunvirato (44-30 a. C.)*, Madrid, Liceus.

Hölbl, Günther (2001), *A History of the Ptolemaic Empire*, Nueva York, Routledge.

García Alonso, Juan Luis, De Hoz García-Bellido, Mª Paz y Torallas Tovar, Sofía (2015), *Geografía. Libros XV-XVII*, introducción, traducción y notas de Juan Luis García Alonso, M.ª Paz García-Bellido y Sofía Torallas Tovar, Madrid, Editorial Gredos.

García Iglesias, Luis y Rodríguez de Sepúlveda, Margarita (1994), *Flavio Josefo. Autobiografía. Contra Apión. Introducción general de Luis García Iglesias*, traducción y notas de Margarita Rodríguez de Sepúlveda, Madrid, Editorial Gredos.

Gurval, Robert A. (2011), «Dying Like a Queen: The Story of Cleopatra and the Asp(s) in Antiquity», en Miles, Margaret M., ed., *Cleopatra. A Sphinx Revisited*, Berkeley, University of California Press, pp. 54-77.

Izquierdo Perales, Alejandra (2023), *La identificación del muerto con Osiris durante el Egipto ptolemaico*, Universidad Complutense de Madrid.

Landvatter, Thomas Peter (2013), *Identity, Burial Practice, and Social Change in Ptolemaic Egypt*, tesis doctoral. Universidad de Michigan.

— (2018), «Identity and Cross-cultural Interaction in Early Ptolemaic Alexandria: Cremation in context», en McKenchnie, Paul y Cromwell, Jennifer A., eds., *Ptolemy I and the Transformation of Egypt, 404-282 BCE*, Leiden, Brill, pp. 199-234.

Naunton, Christopher (2018), *Searching for the lost tombs of Egypt*, Londres, Thames & Hudson.

Roller, Duane W. (2023), *Cleopatra: biografía de una reina*, Madrid, Desperta Ferro Ediciones.

Sánchez Hernández, Juan Pablo y González González, Marta (2009), *Plutarco. Vidas Paralelas. Demetrio – Antonio, Dión – Bruto, Arato – Artajerjes, Galba – Otón*, introducción, traducción y notas de Juan Pablo Sánchez Hernández y Marta González González, Madrid, Editorial Gredos.

Sánchez Salor, Eustaquio (1982), *Historias. Libros V-VII*, traducción y notas de Eustaquio Sánchez Salor, Madrid, Editorial Gredos.

Skeat, T. C. (1953), «The Last Days of Cleopatra: A Chronological Problem». *The Journal of Roman Studies*, 43, pp. 98-100.

Tyldesley, Joyce (2009), *Cleopatra: Last Queen of Egypt*, Londres, Profile Books.

Valledor de Lozoya, Arturo (1994), *Envenenamientos por animales: Animales venenosos y urticantes del mundo*. Madrid, Ediciones Díaz de Santos.

Van Oppen, Branko Fredde (2007), *The Religious Identification of Ptolemaic Queens with Aphrodite, Demeter, Hathor and Isis*, The City University of New York.

Venit, Marjorie Susan (1988), «The Painted Tomb from Wardian and the Decoration of Alexandrian Tombs», *Journal of the American Research Center in Egypt*, 25, pp. 71-91.

— (1989), «The Painted Tomb from Wardian and the Antiquity of the Saqiya in Egypt», *Journal of the American Research Center in Egypt*, 26, pp. 219-222.

— (1997), «The Tomb from Tigrane Pasha Street and the Iconography of Death in Roman Alexandria», *American Journal of Archaeology*, 101, pp. 701-729.

— (2002), *Monumental Tombs of Ancient Alexandria: The Theater of the Dead*, Cambridge, Cambridge University Press.

— (2009), «Theatrical Fiction and Visual Bilingualism in the Monumental Tombs of Ptolemaic Alexandria», en Hinge, G. y Krasilnikoff, J. A., eds., *Alexandria: A Cultural and Religious Melting Pot*, Aarhus, Aarhus Universitetsforlag, pp. 42-65.

— (2016), *Visualizing the Afterlife in the Tombs of Graeco-Roman Egypt*, Nueva York, Cambridge University Press.

UN RECORRIDO FASCINANTE DESDE LA ANTIGÜEDAD PARA ENTENDER LA FORMA EN QUE SE CONSTRUYE ESA IDEA TERRIBLE: **LA DE UNA MUJER PODEROSA.**

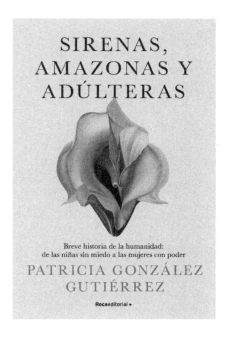

La mujer ha sido asociada a lo largo de la historia con muchos elementos ajenos al centro de poder: las mujeres son un factor peligroso desde el mismo momento en que son concebidas.

Para entender lo que podemos llegar a ser hay que comprender los mecanismos que han cortado una y otra vez las alas a esas mujeres del pasado, porque ni Cleopatra fue tan bruja, ni las brujas fueron tan malas, ni las malas lo eran tanto.

Desde los mitos clásicos de figuras ominosas como Medusa o Ártemis hasta las advertencias contra las sirenas o las brujas, Patricia González mira a la Antigüedad para entender esa otra historia que no nos han contado, pero que constituye también un relato crucial de la humanidad.

¿SABÍAS QUE LA PALABRA *VIKINGO* ES UN INVENTO MODERNO? ¿O QUE LA FRASE «SE ACERCA EL INVIERNO» HACE REFERENCIA AL RAGNARÖK? ¿QUÉ TIENEN EN COMÚN ODÍN, MERLÍN Y GANDALF?

La herencia que los vikingos han dejado en nosotros es tan vasta que parece difícil encontrar alguna referencia cultural que no tenga nada que ver con ellos. Adéntrate en la fascinante historia y la cultura de una era que acabó para siempre, pero cuya huella es imborrable.

Laia San José, la mayor divulgadora de la Era Vikinga en nuestro país, recoge aquí una nueva mirada a la mitología nórdica y a la historia de aquellos pueblos para explorar su impacto en nuestro presente: una herencia que va desde el Romanticismo del siglo XIX hasta la toma del Capitolio de Washington en 2021. Mirando al pasado vikingo comprobamos la forma en que ha moldeado nuestro pensamiento y nuestra sociedad, desde Shakespeare y Wagner hasta Tolkien o George R. R. Martin.

TODA SOCIEDAD SE DEFINE POR SU VIOLENCIA, Y EN ROMA LA SANGRE CORRE POR CUALQUIER RINCÓN

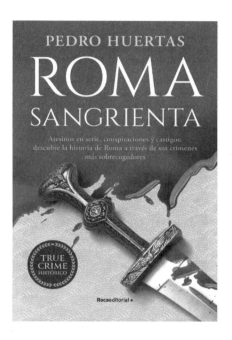

Este libro es algo más que una historia de Roma. Al abordar el *true crime* ambientándolo en la Antigüedad, retrata la historia de una forma nueva y fascinante: *Roma sangrienta* reflexiona sobre el concepto de la violencia en una sociedad que entendía las rencillas, los agravios y el ajuste de cuentas de una forma muy distinta a como los vemos nosotros.

Una obra que recoge algunos de los casos más truculentos, extraños o fascinantes de la historia de Roma: emperadores asesinados, acusaciones nunca resueltas o anécdotas que han trascendido hasta nuestros días y que componen un fresco fascinante de la forma en que la sangre podía llegar a derramarse entre las calles de la Ciudad Eterna.

«Para viajar lejos no hay mejor nave que un libro».

EMILY DICKINSON

Gracias por tu lectura de este libro.

En **penguinlibros.club** encontrarás las mejores recomendaciones de lectura.

Únete a nuestra comunidad y viaja con nosotros.

penguinlibros.club